Christine Friepes, Annett Richter

Mein großes Aufsatzbuch

5./6. Schuljahr

MANZ VERLAG

Manz Verlag

Lektorat: Peter Süß, München; Dr. Bettina Kratz-Ritter, Göttingen
Herstellung: Karin Schmid, Baldham
Umschlaggestaltung: Steffen Schmitt, Hollfeld
Druck: Finidr s.r.o., Český Těšín

ISBN: 978-3-7863-1160-7

www.manz-verlag.de

Tipps zum Training mit diesem Buch

Liebe Schülerin, lieber Schüler,

du bist in der 5. oder 6. Klasse und möchtest deine **Aufsatztechnik verbessern**? Du suchst **Beispielaufsätze**, die zeigen, wie es geht?

Dieses Buch hilft dir, bessere Aufsätze zu schreiben!

Die umfassende Aufsatzsammlung enthält **über 80 bewertete und kommentierte Original-Aufsatzbeispiele** zu **allen wichtigen Aufsatzformen** der 5. und 6. Klasse. Zu den Themen kannst du **selbst Aufsätze schreiben** und mit den **Lösungsbeispielen** einfach vergleichen.

Die Vorteile dieses Buches auf einen Blick:

- Es zeigt, worauf es bei den **verschiedenen Aufsatzarten**, nämlich der **Erzählung**, dem **Brief**, dem **Bericht**, der **Beschreibung** und der **Textzusammenfassung** eines Sachtexts ankommt.
- Das Buch führt in zahlreichen Beispielen vor, wie du **deine eigenen Aufsätze** erfolgreich gestalten kannst und was du vermeiden solltest.
- Es bietet dir die Möglichkeit, dich durch unsere **Beispielaufsätze** anregen zu lassen. Du kannst natürlich auch zuerst selbst Aufsätze zu den gestellten Themen schreiben.
- Jede Aufsatzart wird durch **geeignete Aufsatzbeispiele** vorgeführt, die von Schülerinnen und Schülern der Unterstufe geschrieben wurden. Du hast die Möglichkeit, zunächst gelungene Aufsätze zu lesen und zu erkennen, welche Punkte zu beachten sind. Danach werden dir Aufsätze mit kleineren Fehlern vorgestellt. Natürlich bekommst du **Hilfestellungen**, damit du die Stärken und Schwächen der Aufsatzbeispiele nachvollziehen kannst.
- Die **Themen steigen im Schwierigkeitsgrad**. Es geht los mit Themen, die eher im 5. Schuljahr gestellt werden, dann folgen anspruchsvollere Themen für die 6. Jahrgangsstufe.

Dieses Buch lässt sich also in beiden Jahrgangsstufen für sämtliche gängige Aufsatzarten verwenden und **orientiert sich an praxisnahen und zeitgemäßen Themen**. Gerade vor schriftlichen Arbeiten kannst du dir hier Tipps holen und deine Kenntnisse und Fähigkeiten an den Beispielen noch einmal überprüfen.

Wir wünschen dir dabei viel Erfolg und gute eigene Ideen!

Inhalt

A Kurze Tipps zum Aufsatz

Was muss ich vorher wissen? 6
Wie finde ich das richtige Thema? 7

B Erzählung

Was muss ich über die Erzählung wissen? 8
Erlebniserzählung 9
- Als ich einmal schreckliche Angst hatte 10
- Aufregung mit unserem Haustier 12
- Ein Ereignis, das besonders beeindruckend war 13
- Ein gelungener Streich – Ein misslungener Streich 15
- Ein Erfolg – ein Misserfolg 17
- Mutproben 21

Bildergeschichte 24
Reizwortgeschichte 34
- Zelt – Nacht – Geräusch 35
- Hund – Tabletten – Arzt 36
- Bande – Müllplatz – Freundschaft 38
- Waldspaziergang – Schneetreiben – Rettung 39

Ausgestaltung eines Erzählkerns 41
Weiterführung eines Erzählanfangs 52
Hinführung auf einen Erzählschluss 60
Fantasiegeschichte 66
- Eine alte Ritterrüstung erzählt 67
- Invasion von grünen Marsmännchen in unserer Schule 69
- Maus bei Müllers 72
- Erlebnisse im Koboldland 74
- Im Zauberwald 76

C Brief

Was muss ich über den persönlichen Brief wissen? 78
Persönlicher Brief 80
- Erzählung im Brief 83
- Bitte/Entschuldigung 87

Was muss ich über den sachlichen Brief wissen? ... 89
Sachlicher Brief ... 91
Antwort auf eine Anzeige ... 91
Anfrage ... 94
Reklamation ... 101

D Bericht
Was muss ich über den Bericht wissen? ... 105
Bericht für Polizei und Versicherung ... 106
Unfallbericht ... 106
Schadensmeldung an Polizei oder Versicherung ... 112
Bericht für eine Zeitung ... 116
Bericht über ein besonderes Ereignis ... 117
Sportbericht ... 122
Bericht über eine Klassenfahrt ... 125

E Beschreibung
Was muss ich über die Beschreibung wissen? ... 129
Wegbeschreibung ... 130
Mein täglicher Schulweg ... 131
Bastelanleitung ... 132
Basteln eines Geschenks ... 133
Verpacken eines Geschenks – Basteln einer Karte ... 136
Anleitung zur Tierpflege ... 139
Wie man sich richtig um ein Haustier kümmert ... 140
Kochanleitung ... 141
Ich backe meinen Lieblingskuchen ... 142
Wie ich Spaghetti koche und mir eine Soße dazu überlege ... 143

F Textzusammenfassung
Was muss ich über die Zusammenfassung eines Sachtextes wissen? ... 146
Zusammenfassung eines Sachtextes ... 148
Die Pizza, ein Stück Geschichte ... 148
Stefan Greschik: Schwärme – Gemeinsam stark ... 152
Der Turnschuh als Kultobjekt ... 156

Quellenangaben ... 160

A Kurze Tipps zum Aufsatz

Was muss ich vorher wissen?

- Egal, wie die Themenstellung lautet, eines ist wichtig: Du kannst zu jedem Thema etwas schreiben, wenn du dich mit den Regeln für die einzelnen Aufsatzarten vertraut gemacht und genügend geübt hast.
- Bei erzählenden Textarten, wie zum Beispiel Erlebniserzählung, Reizwortgeschichte, Bildergeschichte oder Fantasiegeschichte, kannst du selbst Erlebtes mit Erdachtem verbinden, also deine Fantasie spielen lassen.
- Bei sachlichen Textarten wie dem Bericht, der Beschreibung und dem sachlichen Brief, hast du Informationen vorgegeben, an die du dich halten musst.
- Du siehst also: Das Schreiben von Aufsätzen kann man lernen. Die Schülerinnen und Schüler, deren Aufsätze du gleich lesen wirst, haben es ja auch geschafft!

Wie finde ich das richtige Thema?

Wenn du das für dich passende Thema gefunden hast, kann eigentlich schon fast nichts mehr schiefgehen. Doch was ist das richtige Thema, also eine Aufgabenstellung, die dich anspricht?

Manchmal liest man die Themenstellung für die Hausaufgabe oder die Angabe der Schulaufgabe durch und weiß sofort, welches Thema man bearbeiten will.

Manchmal fällt die Entscheidung für ein Thema jedoch schwer. Entweder gefallen dir mehrere Themen oder keines so recht.

Keine Panik! Lass dir Zeit! Stelle dir folgende Fragen:

- Zu welchem Thema weiß ich am meisten?
- Werden beispielsweise Hobbys angesprochen, die ich auch ausübe?
- Kommen Tiere vor, deren Verhalten ich gut beschreiben kann?
- Habe ich schon eine ähnliche Aufgabe übernommen?
- Habe ich selbst schon ein ähnliches Erlebnis gehabt?
- Ist in meinem Freundeskreis oder in meiner Familie etwas Vergleichbares vorgekommen?
- Habe ich zum Beispiel selbst schon einen Unfall beobachtet?

Nimm dir also ein paar Minuten, um zunächst in Ruhe über die gestellten Themen nachzudenken. Diese Zeit ist sinnvoll angelegt, wenn man dafür einen guten Aufsatz schreibt.

Wie du weißt, muss sich ja ein guter Aufsatz immer genau auf das Thema beziehen.

Außerdem solltest du möglichst vermeiden, nach einigen Sätzen ein neues Thema anzufangen. Dadurch gehen dir nämlich wichtige Minuten deiner Arbeitszeit verloren.

Fassen wir zusammen: Zu einem guten Aufsatz gehört eine überlegte Auswahl des Themas. Dazu muss man sich einige Minuten Zeit nehmen

B Erzählung

Was muss ich über die Erzählung wissen?

Beschränke dich auf ein Ereignis, das erzählenswert ist.

- Baue deine Geschichte so auf, dass sie sinnvoll und logisch ist. Eine gute Geschichte kann mit einfachen Mitteln erzählt werden. Sie muss weder lang noch besonders ausgefallen sein.
- Denke daran, dass eine Geschichte nicht unbedingt wahr, aber wahrscheinlich sein muss.
- Gliedere die Erzählung in Einleitung, Hauptteil und Schluss. Vergiss dabei die Absätze nicht. Du erinnerst dich: Die Einleitung führt zum Geschehen hin, der Hauptteil entfaltet die Handlung, der Schluss rundet den Aufsatz ab.
- Erzähle die Geschichte auf einen Höhepunkt hin, um den Leser bei der Stange zu halten.
- Lass Personen auch direkt sprechen (wörtliche Rede). Gehe auf ihre Gedanken und Empfindungen ein.
- Lass die Figuren deiner Geschichte Fragen stellen oder Ausrufe von sich geben. Berücksichtige, dass man Gefühle oft an Handlungen erkennen kann.
- Erzähle lebendig und anschaulich, wenn notwendig auch spannend.
- Verwende passende sowie abwechslungsreiche Verben und Adjektive.
- Wechsle beim Satzbau ab: Vermeide gleiche Satzanfänge, indem du verschiedene Nebensätze verwendest oder den Satz einfach umstellst.
- Die Erzählzeit für alle Formen der Erlebniserzählung ist das Präteritum (Imperfekt/erste Vergangenheit), weil das von dir erzählte Ereignis in der Vergangenheit liegen soll.

Ein Arbeitsplan hilft dir beim Erzählen:

- Thema lesen und verstehen
- Erzählschritte festlegen
- Geschichte ausformulieren

Erlebniserzählung

Vorsicht, Falle!

Die sechs häufigsten Fehler, die bei der Erlebniserzählung gemacht werden, sind:

- Der Aufsatz ist nicht logisch aufgebaut, weil die Reihenfolge der einzelnen Erzählschritte von Anfang bis Ende der Geschichte vor dem Schreiben nicht festgelegt wurde.
- Die Gliederung in Einleitung, Hauptteil und Schluss fehlt ebenso wie die Einteilung des Textes in Absätze.
- Der Aufsatz ist nicht spannend, weil die Darstellung von Gedanken und Gefühlen sowie die Verwendung der wörtlichen Rede fehlen. Häufig wird auch vergessen, einen Spannungsbogen zum Höhepunkt der Geschichte aufzubauen.
- Manche Schüler mischen in ihrem Aufsatz mehrere Ereignisse, obwohl nur ein erzählenswertes Erlebnis in den Mittelpunkt gestellt werden darf.
- Die Sätze sehen alle gleich aus, weil Wortwahl und Satzbau sich sehr ähneln. Durch abwechslungsreiche Adjektive und Verben sowie durch Variationen beim Satzbau kannst du diese Falle vermeiden.
- Häufig wird vergessen, dass die Erzählzeit der Erlebniserzählung das Präteritum/Imperfekt (= erste Vergangenheit) ist. Nur beim Höhepunkt der Geschichte darf mit Hilfe des szenischen Präsens in die Gegenwartsform gewechselt werden. Nähere Infos zum szenischen Präsens findest du auf Seite 20 und 45.

Als ich einmal schreckliche Angst hatte

1 Verfasse zu diesem Thema eine spannende Erlebniserzählung.

Beispiel 1

Als ich einmal schreckliche Angst hatte

„Gehen wir raus?“, fragte ich meinen Freund Bruno. „Gern!“, erwiderte er. Wir, meine Eltern, mein Bruder und ich, machten mit unseren Bekannten Urlaub in Italien. Jetzt war es etwa zehn Uhr und die Sonne strahlte heiß vom Himmel.

„Wir könnten die steile Felswand hinaufklettern!“, schlug ich Bruno vor, obwohl die Eltern uns das Klettern streng verboten hatten. Mein Freund war einverstanden, denn der Felsen sah nicht allzu hoch aus. Als wir dann aber direkt davor standen, wurde mir doch etwas mulmig. Fünfzehn Meter ging es da schon hinauf. „Warum zögerst du? Hast du etwa Angst?“, fragte Bruno spöttisch. „Nö, überhaupt nicht“, log ich. Also fingen wir an zu klettern. Ich hatte jetzt doch etwas Angst und ich glaube, Bruno auch. Fünfzehn Meter sind eigentlich nicht viel, aber wenn man in einer Wand hängt, zehn Meter über dem Boden, ist das schon etwas anderes. Ich wagte es nicht, nach unten zu sehen. Die letzten drei Meter! Meine Hände wurden feucht vom Schweiß. Da hörte ich Bruno rufen: „Juhu, ich bin Erster!“ Das interessierte mich jetzt nicht. Das Wichtigste für mich war anzukommen. Nur noch ein halber Meter! Doch da, der Stein, auf dem meine Füße standen, bröckelte ab. „Hilfe!“, schrie ich und versuchte wieder Halt zu finden. „Jetzt muss ich mich zusammenreißen. Was ist, wenn ich jetzt falle? Ich muss es schaffen.“ Diese Gedanken schossen mir durch den Kopf. Ich schwitzte immer mehr. Vorsichtig setzte ich den linken Fuß höher. Da! Mit lautem Krach flog der Stein unter mir hinunter. Meine Knie zitterten und meine Kraft ließ immer mehr nach. „Bruno, hilf mir!“ Da sah ich, dass er mir seine Hände entgegenstreckte. Er packte mich an den Armen und zerrte mich mit aller Kraft über die Felskante. Mit letzter Anstrengung zog ich die Beine nach. „Uff!“, mehr konnte ich nicht sagen, weil ich erst durchatmen musste. „Nehmen wir für den Rückweg den schmalen Pfad zwischen den Felsen?“, fragte Bruno rücksichtsvoll.

Als wir unten angekommen waren, trafen wir unsere Eltern, die von einem Spaziergang zurückkehrten. „Du hast ja überall Kratzer!“, fiel es meiner Mutter sofort auf. Jetzt konnte ich natürlich nicht die Wahrheit sagen, denn das Klettern in der Felswand hatte sie uns verboten. „Wir haben Fangen gespielt. Dabei bin ich in einen Dornenstrauch gefallen“, schwindelte ich schnell. Anscheinend glaubten die Erwachsenen meine Geschichte, denn sie machten keine weiteren Bemerkungen darüber.

Der Verfasser dieses Aufsatzes hat alle Regeln der Erlebniserzählung beachtet. Besonders gelungen sind der Einsatz der wörtlichen Rede, der Spannungsaufbau (= das Hinarbeiten auf den Höhepunkt der Geschichte), die Darstellung der Angst durch körperliche Anzeichen wie Schweiß, zitternde Knie, nachlassende Kraft und Gedanken. Außerdem wirkt die Geschichte insgesamt sehr glaubwürdig.

Beispiel 2

Als ich einmal schreckliche Angst hatte

„Fahr doch nicht so schnell, Olli!", rief mir mein Freund Tobias zu, als wir letzte Woche gemeinsam eine Fahrradtour unternahmen. Wir keuchten gerade einen steilen Berg hinauf. Oben angekommen machten wir an einer mächtigen Buche Rast. „Jetzt geht es wieder bergab!", munterte ich meinen Freund auf, der ziemlich geschafft war.

Der Weg ins Tal war sehr steil und schmal. Es ging schnurgerade nach unten. Ich freute mich, dass ich mein Fahrrad endlich rollen lassen konnte, doch Tobi meinte: „Ich schiebe mein Rad, denn das ist mir zu steil." – „Na gut, aber ich fahre!", antwortete ich. Schon rollte mein Mountainbike. Es wurde schneller und schneller. Ich bremste – nichts passierte. Die Bremsen funktionierten nicht! Wieder und wieder versuchte ich es, doch es wollte einfach nicht klappen. Immer schneller raste ich ins Tal. Für Angst blieb keine Zeit, denn es gab einen Ruck und ich fuhr in eine Wiese. Mit schnellem Tempo donnerte ich auf einen großen Baum zu. Die Angst schoss mir in die Glieder. Vor Schreck schloss ich die Augen.

„Nun werde ich ein Krankenhaus von innen kennen lernen!", dachte ich verzweifelt. Ich kniff die Augen fest zu und wartete auf den Aufprall. Doch was war das? Wie durch ein Wunder wurde ich plötzlich langsamer und blieb stehen. Ich öffnete die Augen und schaute mich um. Ich stand mitten in einem Schneefeld und der Baum war hinter mir. Ich hatte ihn nur knapp verfehlt.

Erleichtert atmete ich auf. Da sah ich auch schon meinen Freund Tobias, der sein Fahrrad hingeworfen hatte und auf mich zu lief. „Was treibst du denn?", rief er aufgeregt. Ich hatte mich inzwischen von dem Schreck erholt, deshalb konnte ich antworten: „Der Weg war mir zu langweilig!" Wir lachten beide und fuhren gemeinsam nach Hause. Meinen Eltern erzählte ich kein Wort von diesem Abenteuer.

Dieser Aufsatz ist nicht unbedingt schlecht, aber im Vergleich zu Beispiel 1 kommt die Angst nicht so gut zum Ausdruck. Sie wird nur genannt, jedoch nicht genügend beschrieben. Dazu kommt ein logischer Fehler: Der Leser wird nicht darauf vorbereitet, dass der Junge in ein rettendes Schneefeld fährt. In der Einleitung hätte ein Hinweis auf die Jahreszeit stehen müssen.

2 **Schreibe selbst eine Einleitung zu Beispiel 2, in der dieser Fehler behoben wird.**

Aufregung mit unserem Haustier

3 **Schreibe zu diesem Thema eine spannende und anschauliche Geschichte. Finde auch eine passende Überschrift.**

Beispiel

Bello, der Großwildjäger

Endlich Ferien! Ich wollte ausschlafen, als Bello, unser Bernhardiner, auf mein Bett sprang und mich abschleckte. „Bello, lass das, aus!“, sagte ich lachend. „Wuff, wuff!“, bellte er und stupste mich an.

„Na gut“, dachte ich und stand auf. Da wedelte Bello freudig mit seinem Schwanz. Ich lief mit ihm in die Küche und setzte mich auf die Eckbank. „Was möchtest du denn, ein Marmeladen- oder ein Nutellabrot?“, begrüßte mich meine Mutter. „Heute mal Nutella“, antwortete ich und ließ mir mein Frühstück schmecken. „Was hältst du von einem Spaziergang?“, wollte meine Mutter wissen. „Gute Idee!“, erwiderte ich und zog mir gleich meine Jacke und die Stiefel an. Dann nahm ich die Leine vom Ständer und rief nach Bello. Mutti war auch schon fertig und es konnte losgehen.

Vor der Haustür leinten wir den Hund an und gingen in Richtung Wald. Nach einer Weile begann Bello zu knurren. „Was ist denn, Bello, was denn?“, versuchte ich ihn zu beruhigen. Auf einmal sprang ein Hase direkt vor uns aus dem Gebüsch und rannte, als er Bello sah, schnurstracks auf die gegenüberliegende Wiese zu. Sofort riss Bello sich los und rannte dem Tier hinterher. „Bello, Bello, komm her!“, schrie Mutti. Aber der Bernhardiner war nicht mehr zu halten.

Drei Sprünge, und er war weg. Wir riefen immer wieder nach ihm, aber er kam nicht zurück. Was sollten wir jetzt tun? „Was wird nun aus Bello?", fragte ich ängstlich. „Er wird schon allein heimfinden", tröstete mich meine Mutter.

Langsam gingen wir nach Hause und schauten uns immer wieder um. Auf einmal hörten wir hinter uns Gekläff, und als wir uns umdrehten – wen sahen wir da? Unseren Bello, der hechelnd und schwanzwedelnd zu uns aufschaute. „Braver Bello!", rief ich und umarmte ihn. „Wie siehst du denn aus, du Großwildjäger!", schimpfte Mutti und zupfte ihm Zweige und Blätter aus dem Fell. Sie nahm die Leine und machte sie an Bellos Halsband fest. Glücklich gingen wir zu dritt nach Hause. Dort holten wir einen Hasenrücken aus der Gefriertruhe. Auch Bello bekam später ein Stück von unserem leckeren Mittagessen ab.

Die Verfasserin des Aufsatzes hat eine witzige Überschrift erfunden, die später im Text wieder aufgegriffen wird. Eine solche Überschrift ist genau richtig, denn sie regt zum Weiterlesen an und verrät gleichzeitig nichts über das Geschehen. Viel langweiliger wären Formulierungen wie: *Aufregung am Ferienanfang*, *Spaziergang mit Folgen* oder *Immer Ärger mit Bello*. Sprichwörter oder Belehrungen wie *Übermut tut selten gut* sind die schlechtesten Möglichkeiten.

Der Aufsatz wirkt insgesamt sehr anschaulich, weil die Verfasserin sich offensichtlich mit Hunden auskennt und die entsprechenden Ausdrücke einbaut.

Ein Ereignis, das besonders beeindruckend war

4 **Erzähle zu diesem Thema eine anregende Geschichte. Finde auch eine passende Überschrift.**

Tipp Das Thema ist sehr weit gefasst. Das lässt dir Freiheiten: Du kannst beispielsweise in der Ich-Form oder in der Er-/Sie-Form schreiben. Das Thema birgt aber auch Gefahren: Manchmal ist es sehr schwierig, dem Leser mitzuteilen, warum dich gerade dieses Ereignis so beeindruckt hat.

Beispiel

Der Clown in der Kanone

Alex hatte sich schon die ganze Woche auf den Zirkusbesuch gefreut. Nun war es so weit. Der Junge fuhr mit seinen Eltern gleich nach dem Mittagessen zum Zirkus-Krone-Winterbau.

Als die drei nach endlosem Anstehen auf ihren Plätzen saßen, bekam Alex auch noch eine ganz große Tüte Popcorn. Mit vollem Mund sagte er: „Papa, wann geht es denn endlich los?" – „Ach, Junge, sei doch nicht so ungeduldig!", seufzte sein Vater. „Schau, jetzt gehen schon die Lichter aus." Und wirklich, der Zirkusdirektor trat in die Manege und rief mit seiner kräftigen Stimme: „Willkommen, meine Damen und Herren! Wir haben für Sie ein einzigartiges Programm. Als Erstes wollen wir Ihnen den lustigen und waghalsigen Clown Popoff vorstellen. Manege frei für Popoff!"

Als der Direktor hinter dem Vorhang verschwunden war, schoben einige Helfer eine vier Meter lange Kanone herein. Dahinter kam der Clown. Er hatte einen bunten Seidenanzug an und trug eine Fliegerbrille. Plötzlich trommelten die Schlagzeuger des Orchesters los und Popoff stieg in die Kanone. Die Schnur am anderen Ende des Rohrs wurde angezündet und brannte zischend ab. In dem Augenblick, als die Schnur heruntergebrannt war, gab es einen lauten Knall. Alex erschrak fürchterlich und sprang von seinem Sitz auf. Was würde mit dem Clown passieren? Schon flog Popoff in hohem Bogen aus der Kanone und landete in einem aufgestellten Netz. Natürlich war er unverletzt und verbeugte sich lachend. Alle applaudierten heftig. Auch Alex war ganz begeistert und schrie aufgeregt: „Papa, Papa, hast du das gesehen, das war super!" Es folgten noch viele andere Zirkusnummern, die Alex Spaß machten.

Nach dem Ende der Vorstellung fragte die Mutter: „Na, was hat dir am besten gefallen?" – „Natürlich der Clown in der Kanone!", antwortete Alex schnell.

Dieser Aufsatz zeigt, dass du keine spektakulären Ereignisse beschreiben musst, um einen guten Aufsatz zu verfassen. Der Leser merkt gleich, wie wichtig der Zirkusbesuch für den Erzähler war. Er hält sich streng an die Regeln für die Erlebniserzählung. Dies siehst du bereits an der Einleitung, die Personen, Ort, Zeit und Thema nennt. Der Aufsatz ist gelungen, weil der Leser mit dem kleinen Jungen mitfiebert.

Ein gelungener Streich – Ein misslungener Streich

5 **Wähle eines der Themen aus und schreibe eine lustige Geschichte.**

Beispiel 1

Das hätten wir nicht tun sollen!

Am Sonntag war es so weit: Mama hatte Geburtstag. Am Nachmittag kamen alle Verwandten, um zu gratulieren. Zuerst war es sehr langweilig, denn die Erwachsenen unterhielten sich nur über andere Leute. Worauf wir uns eigentlich gefreut hatten, war die leckere Kirschtorte, die Oma zu diesem Anlass gebacken hatte. Meinem Bruder Karl und mir schärfte sie ein: „Lasst ja die Finger davon! Die gibt es erst später."

Als Karl und ich in unserem Zimmer saßen, meinte ich schwärmerisch: „Ah, die Torte hat so gut ausgesehen. Am besten, wir klauen sie!" Aber Karl, der wirklich ein Feigling ist, protestierte: „Denk daran, was Oma gesagt hat!" – „Ach was, jetzt klauen wir erst einmal die Torte, nachdenken können wir später!", erwiderte ich. Karl liebt Süßigkeiten, und so schritten wir nach kurzer Überlegung zur Tat. Wir schlichen die Treppe hinunter. Ich musste zu Oma in die Küche laufen und sie ablenken: „Oma, komm schnell, in meinem Zimmer ist eine Maus!" – „Oh, wirklich?", fragte sie erstaunt und fügte hinzu: „Die haben wir gleich!" Mit diesen Worten marschierte Oma in den ersten Stock. Karl, der sich zwischenzeitlich im alten Schrank versteckt hatte, huschte in die Küche. Dort hob er den silbernen Teller, auf dem die Torte stand, hoch und lief auf leisen Sohlen zur Treppe.

Als ich mit Oma in meinem Zimmer ankam, war natürlich keine Maus da. „Moment mal, was ist hier los?", fragte Oma misstrauisch. „Äh, na ja ...", erwiderte ich unsicher, worauf Oma erbost zur Treppe zurückging. Auf dem Weg stieß sie auf Karl. „Was hast du mit meiner Torte vor?", zischte sie. Vor Schreck zuckte Karl zusammen und Omas Kunstwerk kam ins Rutschen. Mit einem Aufschrei sprang Oma auf die Torte zu, die Karl genau in jenem Moment fallen ließ. „Platsch!" machte es und danach war es totenstill. Oma holte tief Luft. Dann ging das Donnerwetter los: „Ihr Lausebengel, schaut euch die Schweinerei an! Was soll ich jetzt den Verwandten anbieten? Haut bloß ab!"

Auf dem Weg in unser Zimmer flüsterte ich Karl zu: „Schade um die schöne Torte. Das war eine blöde Idee!"

Es ist völlig klar, dass die Geschichte vom Erzähler so nicht erlebt worden ist. Trotzdem wirkt die Erzählung nicht „abgekupfert", da die wörtliche Rede so formuliert ist, wie Kinder und ihre Omas in der Wirklichkeit sprechen. Anregungen für solche Tortengeschichten findest du in vielen Jugendbüchern. Schön ist auch, dass der Erzähler zwar am Schluss darauf hinweist, dass das Verhalten der Kinder nicht in Ordnung war, dabei aber nicht belehrend wirkt. Er verwendet nämlich keine Sprichwörter oder Floskeln wie: *Nie mehr wollte ich …*

Beispiel 2

Ein gelungener Streich

„Jetzt reicht es!", schimpfte ich vor mich hin. „So ein Geizhals! Nicht einmal für die Jugendherbergssammlung hat Herr Mayer Geld übrig!" Maxi, der mit mir gesammelt hatte, stimmte zu und hatte gleich eine Idee. „Wir spielen dem blöden Nachbarn den Streich, den wir uns letzte Woche ausgedacht haben."

Am nächsten Tag nach der Schule war es so weit. „Wollen wir es heute versuchen?", fragte ich Maxi. „Klar", antwortete er. „Hast du alles dabei?" Statt einer Antwort hielt ich den Geldbeutel und eine Schnur hoch. „Gut, suchen wir eine geeignete Stelle", schlug mein Freund vor. Es dauerte eine ganze Weile, bis wir endlich eine fanden. Da war ein dichter Busch, der direkt am Weg zu Herrn Mayers Lieblingskneipe stand. Wir wussten, dass er bald vorbeikommen würde, denn dienstags ging er immer zum Stammtisch. Dieser Busch war also ein hervorragender Platz für unsere Aktion.

„Halte Ausschau nach dem Geizkragen, ich befestige inzwischen die Schnur am Geldbeutel!", forderte ich Maxi auf. In dem Moment, als ich fertig war, bog Herr Mayer um die Ecke. Ich flüsterte Maxi zu: „Schnell, verstecken wir uns. Er kommt!" Flink legte ich den Köder aus und wir sprangen hinter den Busch. Bald darauf näherte sich der ahnungslose Herr Mayer dem Geldbeutel. Wir waren sehr gespannt, ob er anbeißen würde. Und tatsächlich! Er bückte sich nach der Geldbörse. Sofort zog ich an der Schnur und die lederne Tasche huschte unter seinen Händen weg. Herr Mayer schaute ziemlich dumm, und wir lachten los. „Hauen wir ab!", sagte ich leise, denn unser Opfer hatte ja genau gehört, woher das Lachen kam. Gerade noch rechtzeitig rannten wir weg, bevor der Mann uns gesehen hatte.

In unserem Garten ließen wir uns erschöpft auf die Wiese fallen und prusteten noch einmal los. „Das hat ja prima geklappt!", sagte ich grinsend.

☺ ☺ ☹

Diese Geschichte ist gut aufgebaut. Das ist aber nicht das Verdienst des Erzählers, denn der Inhalt ist seit langem bekannt. Es gibt sie sogar als Bildergeschichte. Grundsätzlich gilt: Was du dir selbst ausdenkst, kommt besser an. Die Leser deines Aufsatzes wissen es zu schätzen, wenn du deine Fantasie spielen lässt. Dies betrifft auch die wenig einfallsreiche Überschrift, die lediglich das Thema wiederholt. Hier ist es immer besser, durch einen originellen Titel Neugier auf den nachfolgenden Text zu wecken.

Ein Erfolg – Ein Misserfolg

6 **Verfasse zu einem der Themen einen spannenden und gut ausgestalteten Aufsatz mit einer eigenen Überschrift. Achte beim Erzählen besonders auf Gefühle und Gedanken.**

Tipp Da Erfolg und Misserfolg immer mit Gefühlen verbunden sind, solltest du bei den Aufsätzen besonders auf die innere Handlung achten, also auf das, was in den Hauptpersonen vorgeht.

Beispiel 1

Da war ich sehr enttäuscht

Kurz nach meinem siebten Geburtstag wollte ich das Jugendschwimmabzeichen in Bronze machen. Schon drei Tage vorher war ich so aufgeregt, dass ich allen auf die Nerven ging. Endlich war es so weit. Mein Vater fuhr mich ins Schwimmbad.

Zuerst mussten wir auf Zeit schwimmen. Dann tauchten wir nach Ringen und zeigten einen Startsprung. Diese Aufgaben schaffte ich ohne Problem. Doch dann kam der Teil der Prüfung, der mich schon tagelang nicht schlafen ließ. Mein Alptraum: Strecken tauchen. Nervös und frierend stand ich in der Reihe. Da – mein Name wurde aufgerufen. Ich ging mit zitternden Knien zum Startblock. Mein Herz schlug so stark, dass ich glaubte, alle könnten es hören. „Das schaffe ich niemals!", dachte ich. „Was hat der Trainer immer gesagt? Man muss an sich glauben!"

In meine Überlegungen hinein ertönte eine Stimme: „Astrid, du bist an der Reihe." Ich holte tief Luft und sprang ins Wasser. Die ersten Schwimmzüge gingen ganz gut, doch ich merkte bald, dass meine Kraft nachließ.

„So weit!", dachte ich. Die Luft wurde knapp. Verzweifelt versuchte ich, noch ein Stückchen voranzukommen. „Bitte, lass mich die 15 Meter schaffen!", betete ich.

Vergeblich, ich musste auftauchen. Ich hatte nur 13 Meter geschafft. Erschöpft und den Tränen nahe stieg ich aus dem Wasser. „Leider nicht bestanden", sagte der Prüfer bedauernd, „aber du kannst es ja in einem halben Jahr noch einmal versuchen." Ich packte meine Sachen zusammen und ging zum Ausgang.

Zu Hause versuchte meine Mutter mich zu trösten. Nach einer Weile fing ich an zu lächeln und sagte: „Aber das nächste Mal, da schaffe ich es!" Und ein halbes Jahr später schaffte ich es auch.

☺ ☺ ☺

Da Astrid ihr Schwimmabzeichen machen will, beschreibt sie alles, was um sie herum passiert. Das ist die äußere Handlung. Daneben bietet sie aber auch einen guten Einblick in ihre Gefühle und Gedanken. Jeder kann ihre Hoffnung, aber auch ihre Enttäuschung nach der misslungenen Prüfung gut verstehen. Die Darstellung ist insgesamt sehr wirklichkeitsnah, da die Verfasserin ein Erlebnis wählt, das typisch für Kinder ihres Alters ist.

Beispiel 2

Die große Enttäuschung

Eigentlich war es ein ganz gewöhnlicher Donnerstagmorgen. Meine Mutter brachte mich wie immer mit dem Auto zur Schule. Doch da war etwas, das ein unangenehmes Gefühl in meinem Magen verursachte. Gleich in der ersten Stunde sollten wir eine Mathematikprüfung schreiben. Alle liefen im Klassenzimmer umher und riefen laut durcheinander. Als Frau Rescher, unsere Mathelehrerin, hereinkam, wurde es still. Sie teilte die Blätter aus und sagte noch etwas zu den einzelnen Aufgaben. Dann durften wir anfangen. Ich hatte mich gut vorbereitet und konnte, so dachte ich, alle Aufgaben problemlos lösen. Als die Zeit vorbei war, hatte ich das beruhigende Gefühl, es wieder einmal geschafft zu haben, und gab erleichtert mein Blatt ab.

Frau Rescher korrigierte Prüfungen immer sehr schnell. Schon am nächsten Tag erhielten wir die Ergebnisse. Wie immer mussten wir zuerst die Verbesserung über uns ergehen lassen. Dann gab Frau Rescher auch noch die

Punkteverteilung und den Notendurchschnitt bekannt. Ich wurde zunehmend ungeduldiger und blickte erwartungsvoll auf den Stapel von Arbeiten, der vorn auf dem Tisch lag. Mir wurde heiß. Ich begann zu schwitzen. Gleichzeitig spürte ich ein Kribbeln im Bauch. Ich konnte es kaum erwarten, bis ich meine Prüfungsergebnisse bekam. Endlich hielt ich das Blatt in der Hand! Als ich es umdrehte, erstarrte ich fast vor Schreck. Überall rote Farbe! Rechts oben prangte ein dicke Fünf. Ich musste mich zusammennehmen, um nicht in Tränen auszubrechen. „Ich hatte so ein gutes Gefühl und war mir sicher, dass ich diesmal Glück haben werde", sagte ich zu mir selbst. „Und dann das!"

Den ganzen Nachmittag saß ich tief enttäuscht in meinem Zimmer. „Das ist doch nicht so schlimm! Außerdem hast du das nächste Mal wieder eine Chance", versuchte meine Mutter mich zu trösten.

Diese Geschichte hast du wahrscheinlich schon selbst erlebt. Im Gegensatz zu Beispiel 1 gibt es hier kaum äußere Handlung. Alles spielt sich im Inneren der Hauptperson ab. Der Leser fühlt mit, als sie eine Fünf bekommt. Der Aufsatz beschreibt genau das, was jeder Schüler in einer solchen Situation empfindet. Gerade deshalb bietet es sich an, dass du selbst einmal versuchst, eine Enttäuschung, die du erlebt hast, in Aufsatzform umzusetzen.

Beispiel 3

Freude über einen sportlichen Erfolg

Am wichtigsten Spieltag der Saison radelte ich zum vereinbarten Treffpunkt. Wir fuhren mit dem Vereinsbus nach Überstadt. In der Umkleidekabine rief unser Kapitän: „Wir werden gewinnen!" Wir grölten durch die Gänge.

Und schon ging es los. Das Spiel war in der ersten halben Stunde sehr ausgeglichen. Ich saß die ganze Zeit auf der Bank und bettelte: „Trainer, wann darf ich spielen? Ich muss jetzt raus!" Aber die Antwort war immer dieselbe: „Keine Sorge, du kommst schon noch dran!" Da, der Halbzeitpfiff. Es waren noch keine Tore gefallen.

In der zweiten Halbzeit durfte ich endlich im Mittelfeld spielen, aber keine Mannschaft konnte der anderen gefährlich werden. Unser Trainer schrie: „Spielt doch richtig! Tobi, halte die Mannschaft zusammen!" Aber Tobi, unser Kapitän, lief nur noch mit halber Kraft. Dann bekam ich den Ball an der Strafraumgrenze. Ich wollte schießen, aber ich spürte, wie mich jemand rempelte und zu Boden schleuderte. „Foul!", schrie ich. Es gab Elfmeter. „Soll ich schießen?", fragte ich den Trainer. Er nickte. Ich lege den Ball zum Strafstoß zurecht. Alle schauen auf mich. Ich renne los – und Schuss. Alles läuft ab wie in Zeitlupe. Der Torwart berührt den Ball mit den Fingerspitzen, aber – „Toor!", schreie ich. Mein erstes Tor in dieser Saison! Meine Freunde umarmten mich. Sogar der Trainer sprang vor Freude in die Luft.

Kurz danach war das Spiel zu Ende. „Wir haben gewonnen! Nur durch dich!", rief Martin, unser bester Stürmer, und klopfte mir auf die Schulter. Dann gingen wir in die Kabine.

In dieser Geschichte passiert viel, das man noch spannender hätte ausgestalten können. Der Verfasser schildert keinerlei Gedanken und Gefühle. Überlege, wie es dir geht, wenn du den Ball auf den Elfmeterpunkt legst und alle auf dich schauen. Außerdem lässt die Einleitung viele Fragen offen.

Gut gelungen ist die Verwendung der wörtlichen Rede. Zusätzlich nutzt der Verfasser ein Mittel, das die Spannung steigert: szenisches Präsens. Dies bedeutet, dass an der spannendsten Stelle des Aufsatzes (Höhepunkt) – aber nur dort – vom Imperfekt/Präteritum ins Präsens gewechselt werden darf.

7 **Verbessere die Einleitung von Beispiel 3, indem du die wichtigen W-Fragen beantwortest. Es muss an dieser Stelle des Aufsatzes deutlich gesagt werden, wer was wann wo macht (W-Fragen).**

Mutproben

Sonderfälle im Themenbereich Erfolge sind Mutproben. Hierzu zwei Aufsatzbeispiele.

Beispiel 1

Die Mutprobe

Lautes Gelächter ertönte um mich herum. „Du willst Mitglied in unserer Bande werden?", höhnte Markus. „Wieso, was ist denn daran so lustig?", fragte ich. „Schlappschwanz, Angsthase", erklang es jetzt von allen Seiten. „Gut", meinte Peter, der sich am schnellsten wieder gefangen hatte. „Wenn du heute um Mitternacht beim alten Haus bist, dann sagen wir dir, was du tun musst." Mir stockte der Atem. Das alte Haus! Nie im Leben, durchzuckte es mich. Aber nein, ich sollte Andrea doch beweisen, dass mich die Bande aufnimmt.

Ich musste also genau um Mitternacht am Spukhaus stehen. Alle waren schon da. „Na endlich, wir dachten, du kommst gar nicht mehr!", meinte Andrea, die auch mitgekommen war, damit sie sehen konnte, wie ich mich fürchtete. „Hör gut zu: Du musst jetzt durch das ganze Haus bis zum Dachboden gehen. Und damit du nicht schummelst, wirst du das Tuch mit dem Totenkopf von oben mitbringen!", befahl Markus. „Schrott!", dachte ich. Insgeheim hatte ich nämlich beschlossen, mich hinter der Tür zu verstecken und nach zehn Minuten stolz und gar nicht verschreckt wieder herauszukommen. Aber daraus wurde nichts.

Ein „Na, wird's bald!" von Peter riss mich aus meinen Gedanken. Langsam und sehr zögerlich ging ich auf das Haus zu. In dem Augenblick, als ich durch die Tür trat, rief ein Käuzchen in der Ferne. „Mein Todesvogel", schoss es mir durch den Kopf. Trotzdem ging ich die steile Treppe hinauf. Meine Knie wackelten wie Pudding. Da, ein Gesicht! Ich klammerte mich an den rostigen Eisenstangen des Treppengeländers fest. Gleich danach ließ ich sie erleichtert wieder los. Die ehemaligen Bewohner des Hauses hatten bloß einen alten Spiegel hängen lassen. Das Gesicht war mein eigenes. Ich atmete tief durch und stieg vorsichtig die knarrenden Stufen zum Dachboden hinauf. Noch zehn Stufen, noch acht, nur noch drei Stufen, dann hatte ich es geschafft. War ich froh, als ich endlich oben war! Ich riss das Tuch vom Haken und stolperte die Treppe hinunter. Mir war, als stürze hinter mir alles zusammen. Von diesem Gedanken beflügelt rannte ich noch schneller. Kurz vor der Tür stoppte ich ab und kam langsam schlendernd, aber völlig verschwitzt aus dem Haus.

Die Bandenmitglieder starrten mich an. Markus trat als Erster auf mich zu und klopfte mir auf die Schulter. „Kompliment! Das habe ich dir nicht zugetraut." Glücklich warf ich einen triumphierenden Blick auf Andrea. Die platzte fast vor Ärger. Keiner nannte mich Angsthase oder Schlappschwanz. Nur Andrea stand recht dumm da. Sie hatte nämlich in der ganzen Klasse verbreitet, wie ängstlich ich sein würde.

Die Geschichte ist lebendig, anschaulich und wirklich mitreißend erzählt. Die Verfasserin ist eine eifrige Leserin und holt sich viele Ideen aus Jugendbüchern. Vielleicht hast du ja die Vorlage für ihre Geschichte erkannt? Bevor du loslegst und es ebenso machst, solltest du aber Folgendes wissen: Dein Lehrer oder deine Lehrerin liest auch Jugendbücher und will keinen Abklatsch bekannter Geschichten und Formulierungen. Wenn du literarische Vorbilder kopierst, solltest du sie sparsam und geschickt in deine eigene Geschichte einbauen.

Beispiel 2

Die Mutprobe

Die Bande stand um den kleinen Karl, auch Winzling genannt, herum. „Du bist noch zu klein! Was sollen wir mit einem Zwerg wie dir anfangen?", wollte Otto, der Anführer der Wölfe, wissen. Alle nickten zustimmend. Karl senkte seinen Kopf. „Lasst es mich doch mal probieren", flüsterte er. Otto fing an zu lachen. „Was hast du schon drauf?", fragte er spöttisch. Karlchen zuckte mit den Schultern. „Aber wenn du eine Mutprobe bestehst, könntest du dabei sein. Komm morgen um zwei Uhr zum Kaufhaus." Otto drehte sich um. Er und die anderen Wölfe verschwanden im Wald. Karl blieb allein auf der Lichtung zurück.

Am nächsten Tag traf er sich mit den Wölfen zum vereinbarten Zeitpunkt vor dem großen Kaufhaus. Es regnete. Otto flüsterte Karl zu, was er tun sollte, und grinste gemein. Der kleine Karl schaute mit großen Augen auf den Eingang des Kaufhauses. Dann lief er darauf zu. Drinnen war es schön warm, doch das merkte der Junge kaum. Ihm gingen ganz andere Gedanken durch den Kopf. Sollte er oder sollte er nicht, das war die Frage. Trotz der Wärme war ihm kalt, aber gleichzeitig schwitzte er. Immer wieder schaute er sich verstohlen um. Seine Hände zitterten. Zögernd griff er nach einer Tafel Schokolade, zog aber die Hand wieder zurück. Er ging weiter, bis er vor einem Ständer mit Schlüsselanhängern stehen blieb. „Der ist groß genug", dachte Karl. Im selben Augenblick erinnerte er sich, dass er zu Hause genau so einen Anhänger hatte. Er brauchte es also gar nicht zu tun. Schnell rannte Karlchen zum Hinterausgang hinaus. Ein Glück, dass der Weg nach Hause nicht so weit war. Er hätte vor Freude schreien können. Was für eine gute Idee! Karl stürzte in sein Zimmer. „Hey," hörte er seine Mutter rufen, „kannst du nicht deine Stiefel ausziehen?" Doch Karl war schon wieder zur Tür hinaus. Er raste durch das Kaufhaus zurück zu den anderen Kindern.

Die Wölfe machten große Augen, als Karl ihnen triumphierend einen Schlüsselanhänger hinhielt. Otto schaute Karl respektvoll an und sagte: „Du bist dabei!" – „Ich will aber gar nicht mehr", sagte Karlchen langsam und bestimmt. Er warf ihnen den Schlüsselanhänger hin, drehte sich um und lief weg. Karl wollte nicht Mitglied einer Bande sein, wenn er dafür stehlen musste.

Diese Geschichte ist flott und spannend erzählt. Die Namensgebungen – *Winzling*, *Karlchen*, *Otto* und *Wölfe* – weisen aber deutlich darauf hin, dass die Verfasserin des Aufsatzes aus älterer Jugendliteratur „abgekupfert" hat. Das solltest du vermeiden, denn es ist allzu offensichtlich. Gut ist der Aufsatz trotzdem, denn er enthält eine überraschende Wendung: Karlchen tut eben nicht das, was man von ihm verlangt. Er macht, was er für richtig hält und lässt sich nicht länger von anderen beeinflussen. Deshalb hat er am Ende doch einen Erfolg errungen.

Bildergeschichte

Die Bildergeschichte ist eine Form der Erlebniserzählung. Sie hält in einem oder in mehreren Bildern die entscheidenden Augenblicke eines Ereignisses fest.

- Im Aufsatz entsteht durch die Ausgestaltung von Zwischenschritten eine in sich logisch aufgebaute Geschichte, in der alles zusammenpasst und keine Fragen offen bleiben.
- Lege fest, welche Einzelheiten der Bilder wichtig sind und deshalb in deiner Erzählung erscheinen müssen.
- Stelle dir vor, was zwischen den Bildern passiert, und verbinde sie miteinander, indem du es erzählst. Meistens musst du Einleitung und Schluss dazuerfinden.
- Erzähle auf den Höhepunkt hin, das heißt in diesem Fall: Überlege dir, welches Bild den Höhepunkt zeigt; steigere die Spannung auf dieses Ereignis hin.

Vorsicht, Falle!

Die sechs häufigsten Fehler, die bei der Bildergeschichte gemacht werden, sind:

- Der Aufsatz ist nicht logisch aufgebaut, weil die Reihenfolge der einzelnen Bilder nicht beachtet wurde. Die Reihenfolge der Bilder legt die Erzählschritte fest.
- Die Gliederung des Aufsatzes in Einleitung, Hauptteil (mit dem Höhepunkt der Geschichte) und Schluss fehlt ebenso wie die Einteilung des Textes in Absätze.
- Die W-Fragen sind nicht beantwortet, denn du musst schreiben, wer, wann, wo, warum und wie etwas tut.
- Manchmal fehlen Einleitung und Schluss, die du in vielen Fällen zu den Bildern dazuerfinden musst.
- Die Bilder werden nicht genau betrachtet; daher bleibt der Sinn der Geschichte oft unklar. Häufig passiert auch etwas „zwischen den Bildern", also etwas, das nicht gezeichnet, aber für die Logik der Geschichte wichtig ist. Die Beschreibung dieser Zwischenschritte wird von manchen Schülern vergessen.
- Die Sätze sehen alle gleich aus, weil Wortwahl und Satzbau sich sehr ähneln. Durch abwechslungsreiche Adjektive und Verben sowie durch Variationen beim Satzbau kannst du diese Falle vermeiden.

8 **Verfasse eine vollständige Geschichte zu den folgenden Bildern. Finde außerdem eine passende Überschrift.**

Beispiel 1

Pech für den kleinen Fisch

An einem sonnigen Nachmittag gingen Fritz und sein Vater an den Bach, der nicht weit von ihrem Wohnhaus entfernt war, um zu fischen.

„Hurra, juhu!", jubelte Fritz plötzlich und hüpfte vor Freude, denn Papa Müller hatte einen kleinen Fisch im Kescher. Er warf ihn in einen Kübel, der mit Wasser gefüllt war. Nun gingen Papa Müller und sein Sohn stolz mit dem Fisch nach Hause. Dort angekommen, nahm der Vater das etwas traurig schauende Tier aus dem Eimer und legte es auf ein Tischchen. Fritz schaute dabei zu. Papa Müller holte ein großes, scharfes Messer. Er hielt das Fischlein fest und wollte gerade zustechen, da schrie Fritz: „Halt, nein, stopp, das kannst du nicht machen, Papa!" – „Aber warum denn nicht? Wir haben uns doch schon so auf das leckere Fischfilet gefreut!", erwiderte sein Vater überrascht. „Ja, aber der arme Fisch schaut ganz traurig. Er tut mir so Leid. Wir müssen ihn wieder zum Bach zurückbringen", bat der Junge. Der Vater war einverstanden. Sie legten den Fisch wieder in den Wassereimer und machten sich zum zweiten Mal auf den Weg zum Bach.

Als sie dort ankamen, leerte der Vater den Eimer, und – schwupps – war der kleine Fisch wieder in seinem Zuhause. Er kreiste freudig durch das Wasser. Fritz und Papa Müller freuten sich auch und waren erleichtert, dass sie zu diesem Entschluss gekommen waren. „Jetzt schwimm davon und sei glücklich!", rief Fritz dem Fischlein nach. Er und sein Papa schauten ihm noch eine Weile zu, doch dann – sie trauten ihren Augen kaum. Von hinten näherte sich ein fetter, alter Hecht. Seine scharfen Zähne schlossen sich blitzschnell um den Körper des kleinen Fisches. „Das ist doch nicht zu fassen! Unverschämtheit! Lass sofort den kleinen Fisch los!", regte Fritz sich auf. Dem Vater blieb vor Ärger die Sprache weg.

Enttäuscht jammerte Fritz: „Da hätten wir ihn ja genauso gut braten können. Dann hätten wir wenigstens etwas davon gehabt." Zustimmend nickte Papa Müller seinem Jungen zu, und beide trotteten nach Hause.

☺ ☺ ☺

Bei diesem Aufsatzbeispiel fallen die Anschaulichkeit und Lebendigkeit auf. Beides entsteht dadurch, dass die Verfasserin die wörtliche Rede gut einsetzt und treffende Ausdrücke wie *fetter, alter Hecht* statt *großer Fisch* oder *leckeres Fischfilet* statt *Abendessen* verwendet.

Beispiel 2

Das verlorene Abendessen

Es war ein schöner Sommertag. Papa Müller und Fritz beschlossen angeln zu gehen. Am Nachmittag spazierten sie zum Bach hinunter, bepackt mit Angelzeug und einem Eimer.

Wenig später schwamm ein Fisch heran. „Der ist gerade richtig für unser Abendessen", dachte Papa Müller gierig. „Platsch" machte es und schon war der Fisch im Kescher. Der Vater schwenkte ihn mit dem Fisch in der Luft herum. Fritz war begeistert und Papa Müller ganz stolz auf sich. Sie legten den Fisch in den Eimer und trugen ihn nach Hause. „Dieser Fisch hat ein ganz schönes Gewicht!", keuchte Papa Müller auf dem Rückweg.

Zu Hause angekommen legte er die Beute auf den Tisch, band sich eine Schürze um und zückte ein Messer. Mit der rechten Hand hielt er den Fisch fest. Fritz stand am Tisch, schaute dem Fisch in die großen Augen und weinte mitleidig. Papa Müller ließ sich von den Tränen seines kleinen Sohnes erweichen und wenig später konnte man die beiden wieder zum Bach gehen sehen. Fritz lief übermütig voraus, Papa Müller schritt zufrieden hinterdrein. Als sie am Bach standen, leerte der Vater den Eimer ins Wasser. Fritz klatschte vor Begeisterung in die Hände, denn der Fisch sprang in hohem Bogen in den Bach und fühlte sich wohl.

Bald darauf aber schlich sich ein dicker Hecht von hinten an, riss sein Maul auf und – schwuppdiwupp – hatte er den kleinen Fisch schon fast verschlungen. Papa Müller blickte den Hecht böse an und Fritz weinte. „Du Vielfraß, du gemeiner!", winselte Fritz. Papa Müller ärgerte sich: „Jetzt haben wir den Fisch ganz umsonst hierher zurückgebracht."

Fritz wimmerte noch: „Adieu, kleiner Fisch!" Dann gingen sie nach Hause. „Und das Abendessen?", fragte Fritz unterwegs.

Das Beispiel zeigt, wie wichtig es ist, die Bildvorlagen genau zu betrachten. Erinnere dich an diese Stelle:

Zu Hause angekommen legte er die Beute auf den Tisch, band sich eine Schürze um und zückte ein Messer. Mit der rechten Hand hielt er den Fisch fest. Fritz stand am Tisch, schaute dem Fisch in die großen Augen und weinte mitleidig.

Die Beschreibung der Einzelheiten führt dazu, dass der Leser sich die Szene besonders gut vorstellen kann.

Beispiel 3

Vom Regen in die Traufe

Papa Müller und sein Sohn Fritz gingen an einem schönen Tag an einen nahe gelegenen Fluss zum Angeln. Endlich hatte Papa Müller einen Fisch in seinem Kescher. Fritz war ganz begeistert und freute sich riesig. Aber auch der Vater war stolz auf seinen Fang. Sie holten den Fisch aus dem Kescher und legten ihn in einen Eimer, der voll Wasser war. Zufrieden gingen sie nach Hause. Fritz hatte nur Augen für den Fisch. Er schaute dem Tier, das im Eimer schwamm, aufmerksam zu. Fritz hatte den Fisch lieb gewonnen.

Als sie zu Hause angekommen waren, wollte der Vater das Fischlein gleich braten. Ihm lief schon das Wasser im Mund zusammen. Gerade als er ihn töten wollte, fing Fritz fürchterlich zu weinen an. „Papa, du darfst ihm nicht wehtun, ich habe ihn doch so gern. Du darfst ihn nicht braten!", schluchzte er. Papa Müller verstand seinen kleinen Sohn. „Also gut, du sollst sehen, dass ich ein weiches Herz habe. Wir bringen ihn zurück." – „Oh wirklich? Toll!", rief Fritz und umarmte seinen Vater. Sie legten den Fisch zurück in den Eimer und gingen los.

Auf dem Weg zum Fluss dachte Fritz: „Jetzt wird er sicher noch ein langes und zufriedenes Leben haben!" Sie schütteten den Inhalt des Eimers mit dem Fisch ins Wasser und freuten sich über ihre gute Tat. „Du, Papa", schmunzelte Fritz, „ich glaube, der Fisch hat gelächelt, als wir ihn ins Wasser schütteten!" – „Ja, das glaube ich auch." Stolz und gerührt suchten sie den Fisch im Wasser. Doch was sahen sie? Ein Hecht war gerade dabei, den kleinen Fisch zu verschlingen. Böse schaute Papa Müller den Hecht an und schimpfte mit ihm: „Du dummes Vieh! Hunderte von Fischen gibt es hier im Fluss. Warum musstest du unbedingt unseren fressen?"

Auch Fritz war sehr traurig, dass der Hecht seinen Fisch gefressen hatte. So kam der kleine Fisch vom Regen in die Traufe.

Der Aufsatz zeigt, dass man oft auch das beschreiben muss, was auf den Bildern nicht sichtbar ist, wie zum Beispiel die innere Handlung. Nur dadurch versteht der Leser, wieso Vater und Sohn den gefangenen Fisch wieder zurückbringen und sauer sind, dass der Hecht ihn frisst. Diese Wörter beschreiben im Text die innere Handlung: *begeistert, stolz, zufrieden, lieb gewonnen, ein weiches Herz, sich freuen, stolz und gerührt, böse, traurig.*

9 **Schreibe zu dieser Bilderfolge eine Geschichte aus der Sicht des Vaters. Überlege dir außerdem, was auf dem letzten Bild zu sehen sein könnte, und ergänze deinen Aufsatz entsprechend.**

Beispiel

Der verlorene Hund

An einem Novembertag wollte ich einen Spaziergang machen. Kurz entschlossen rief ich nach meiner Frau, den Kindern und Waldi, unserem Dackel. Bald darauf gingen wir gemeinsam los.

Nach ungefähr einer Stunde fing es an zu regnen. Es goss wie aus Eimern. Glücklicherweise war eine Straße in der Nähe und wir versuchten uns als Anhalter. Doch es war wie verhext. Es kam kein einziges Auto, und ich dachte: „Verflixt und zugenäht! Jetzt müssen wir durch den Regen nach Hause laufen." Auch mein Sohn Andy wurde missmutig und grummelte: „Warum musst du uns auch immer auf deine dämlichen Spaziergänge mitnehmen!" Doch genau in diesem Moment kam ein Auto vorbei. Wir riefen und winkten wie verrückt. Der Fahrer hielt an und ließ uns einsteigen. Ich atmete auf: „Gott sei Dank sind Sie gekommen! Vielen, vielen Dank!" Auch meine Kinder schauten schon wieder fröhlicher drein. Nach einer Weile fiel mir plötzlich etwas auf. „Wo ist Waldi?", fragte ich. Meine Familie sah mich entsetzt an. „Stopp, stopp!", riefen wir. Der freundliche Autofahrer hielt. Nach einer kurzen Familiensitzung einigten wir uns darauf, dass der Mann meine Frau und die Kinder nach Hause fahren sollte. Ich wurde losgeschickt, um Waldi zu suchen. „Schließlich bist du auch schuld!", meinte Andy.

Ich stapfte wütend durch den Regen. In Gedanken riss ich diesen Köter in tausend Stücke und brummte: „Wenn ich ihn erwische, dann kann er was erleben!" Der Regen wurde immer stärker und steigerte meinen Zorn nur noch. Ich überlegte: „Vielleicht lasse ich ihn einfach stehen?" Aber nein, gutmütig, wie ich bin, marschierte ich weiter zurück zu der Stelle, an der wir Waldi verloren hatten. Und was musste ich sehen? Da fuhr dieser blöde Dackel in einem Wohnwagen an mir vorbei. Wie hatte er die Leute bloß herumgekriegt, ihn mitzunehmen? „Anhalten, sofort anhalten!", schrie ich. Ich nahm die Beine in die Hand und konnte das Auto noch knapp einholen. Nach einer kurzen Diskussion händigte die Frau mir den Hund aus. Wütend schüttelte ich ihn und brüllte ihn an: „Wenn du das noch einmal machst, wirst du wirklich ausgesetzt!"

Als ich endlich wieder zu Hause war, bekam ich auch noch eine Rüge. Alle meinten: „Du bist schuld! Nur wegen dir sind wir überhaupt in diesen Regen gekommen." Keiner achtete darauf, dass ich klatschnass war. „Dann nehme ich euch halt nicht mehr mit!", drohte ich empört. Doch meine eigene Familie lachte mich nur aus: „Damit würdest du uns einen großen Gefallen tun!"

Der Verfasser des Aufsatzbeispiels setzt die wörtliche Rede geschickt zur Spannungssteigerung ein. Außerdem stellt er die Gedanken eines genervten Vaters überzeugend dar:
Ich überlegte: „Vielleicht lasse ich ihn einfach stehen?“ Aber nein, gutmütig, wie ich bin, marschierte ich weiter zurück zu der Stelle, an der wir Waldi verloren hatten. Und was musste ich sehen? Da fuhr dieser blöde Dackel in einem Wohnwagen an mir vorbei.

10 **Verfasse zu den folgenden Bildern eine vollständige Erzählung. Gestalte diese sprachlich lebendig aus und formuliere eine treffende Überschrift.**

Tipp Diese Bildergeschichte stellt hohe Ansprüche an den Erzähler, da sie nur aus zwei Bildern besteht, die man sehr genau betrachten sollte. Du musst dir also viel selbst ausdenken.

Beispiel 1

Eine schöne Hilfe!

Einmal in der Woche ging Tinas Mutter zur Nachbarin zum Kaffeekränzchen. Es war ein schöner Sommernachmittag, als es wieder einmal so weit war.

Tina dachte sich: „Wenn ich das Abendessen koche, braucht Mutter nicht mehr so viel zu tun und freut sich." Nach einem Rezept aus ihrem Kinderkochbuch wollte sie Grießbrei machen. Sie suchte alle Zutaten zusammen: Grieß, Zucker und Milch. Aufmerksam stand Tina am Herd und rührte eifrig im Topf.

Plötzlich hörte sie die Stimme ihrer Freundin, die sie rief: „Tina, T-i-n-a!" Sie sprang ans Fenster und streckte den Kopf hinaus. „Hallo, Lizzi, was machst du denn hier?" Lizzi schwenkte stolz ein tragbares Radiogerät mit CD-Player vor den Augen ihrer Freundin. „Schau mal, den habe ich von Papa geschenkt bekommen. Jetzt kann ich dir endlich meine neuen CDs vorspielen." Tina war sofort Feuer und Flamme. Sie setzten sich auf die Fensterbank und hörten sich die Lieder an. Nach einiger Zeit begann es fürchterlich zu stinken. Lizzi schnupperte und fragte: „Sag mal, riecht es hier nicht etwas komisch?" – „Herrje, mein Grießbrei!", schrie Tina aufgeregt. Sie stürzte zum Herd, als sei eine Gruppe Elefanten hinter ihr her. Fassungslos schaute Tina auf den Topf, nachdem sie den Herd ausgeschaltet hatte. „Der Grießbrei ist auf jeden Fall im Eimer!", bemerkte Lizzi trocken, die hinter ihrer Freundin Tina zum Herd gelaufen war.

Beide machten sich schnell daran, die verbrannte Masse aus dem Topf zu kratzen und die Küche zu säubern. Sie schufteten wie verrückt. Als dann Tinas Mutter am Abend nach Hause kam, war die Küche blitzblank und die zwei erschöpften Mädchen saßen am Tisch. Tinas Mutter fragte ahnungslos: „Na, was meint ihr, Kinder, soll ich zum Abendessen Grießbrei machen?" Doch von Grießbrei hatten die beiden die Nase voll.

11 **Finde heraus, welche Fehler Beispiel 1 enthält.**

Lösungsvorschlag:
Die sprachliche Ausgestaltung und der Spannungsbogen sind gut gelungen. Die Geschichte ist witzig zu lesen. Aber: Auf beiden Bildern ist deutlich zu sehen, dass Tina keinen Grießbrei, sondern Gemüse kocht. Zwiebel, Karotte, Lauch und Blumenkohl sind genau zu erkennen. In der Pfanne, die im Aufsatzbeispiel überhaupt nicht erwähnt wird, brät ein Stück Fleisch. Jede Einzelheit muss beachtet werden, damit das, was du selbst erfindest, zu den Bildern passt.

Im folgenden Beispiel 2 ist das berücksichtigt.

Beispiel 2

Eine schöne Hilfe!

Einmal in der Woche ging Tinas Mutter zur Nachbarin zum Kaffeekränzchen. Es war ein schöner Sommernachmittag, als es wieder einmal so weit war.

Tina dachte sich: „Wenn ich das Abendessen koche, braucht Mutter nicht mehr so viel zu tun und freut sich." Nach einem Rezept aus ihrem Kinderkochbuch wollte sie Schnitzel mit Püree machen. Sie suchte alle Zutaten zusammen. Aufmerksam stand Tina am Herd und rührte eifrig im Topf, während das Schnitzel in der Pfanne brutzelte.

Plötzlich hörte sie die Stimme ihrer Freundin, die sie rief: „Tina, T-i-n-a!" Sie sprang ans Fenster und streckte den Kopf hinaus. „Hallo, Lizzi, was machst du denn hier?" Lizzi schwenkte stolz ein tragbares Radiogerät mit CD-Player vor den Augen ihrer Freundin. „Schau mal, den habe ich von Papa geschenkt bekommen. Jetzt kann ich dir endlich meine neuen CDs vorspielen." Tina war sofort Feuer und Flamme. Sie setzten sich auf die Fensterbank und hörten sich die Lieder an. Nach einiger Zeit begann es fürchterlich zu stinken. Lizzi schnupperte und fragte: „Sag mal, riecht es hier nicht etwas komisch?" – „Herrje, mein Püree!", schrie Tina aufgeregt. Sie stürzte zum Herd, als sei eine Gruppe Elefanten hinter ihr her. Fassungslos schaute Tina auf den Topf, nachdem sie den Herd ausgeschaltet hatte. „Das Püree ist auf jeden Fall im Eimer!", bemerkte Lizzi trocken, die hinter ihrer Freundin Tina zum Herd gelaufen war. „Tja, und das Schnitzel ist auch nur noch Kohle."

Beide machten sich schnell daran, Topf und Pfanne auszukratzen und die Küche zu säubern. Sie schufteten wie verrückt. Als dann Tinas Mutter am Abend nach Hause kam, war die Küche blitzblank und die zwei erschöpften Mädchen saßen am Tisch. Tinas Mutter fragte ahnungslos: „Na, was meint ihr, Kinder, soll ich zum Abendessen Schnitzel mit Püree machen?" Doch davon hatten die beiden die Nase voll.

Reizwortgeschichte

Bei dieser Erzählform musst du mehrere Reizwörter zu einer logischen Handlung miteinander verknüpfen

- Dabei soll – wie bei der Erlebniserzählung – eine Geschichte entstehen, die dem Leser glaubhaft erscheint.
- Alle vorgegebenen Reizwörter müssen in deiner Geschichte vorkommen.
- Du kannst die vorgegebenen Reizwörter in ihrer Reihenfolge verwenden – oder die Abfolge ändern. Beachte vor allem die Aufgabenstellung: Wenn es dort heißt, dass du die Reizwörter in der vorgegebenen Reihenfolge verwenden sollst, musst du das natürlich einhalten.
- Nimm nur Themen, bei denen du die Bedeutung aller Wörter kennst.

Vorsicht, Falle!

Die sechs häufigsten Fehler, die bei der Reizwortgeschichte gemacht werden, sind:

- Viele Schüler vergessen, alle Bestandteile der Reizwortkette in ihren Aufsatz einzubauen.
- Die Gliederung des Aufsatzes in Einleitung, Hauptteil (mit dem Höhepunkt der Geschichte) und Schluss fehlt oder die Einteilung des Textes in Absätze.
- Es wird eine Geschichte erzählt, ohne dass für den Leser eine logische Verknüpfung der Reizwörter untereinander erkennbar ist.
- So mancher Aufsatz geht schief, weil der Schüler die Bedeutung eines Reizworts nicht sicher kennt.
- Die Geschichte ist unglaubwürdig – sie muss aber wahrscheinlich und glaubhaft sein.
- Die Sätze sehen alle gleich aus, weil Wortwahl und Satzbau sich sehr ähneln. Durch abwechslungsreiche Adjektive und Verben sowie durch Variationen beim Satzbau kannst du diese Falle vermeiden.

Zelt – Nacht – Geräusch

12 **Schreibe zu diesen Reizwörtern eine anschauliche und lebendige Geschichte. Verwende die Reizwörter in der vorgegebenen Reihenfolge. Finde außerdem eine treffende Überschrift.**

Tipp Es ist völlig klar, wovon die Geschichte handeln muss: Kinder übernachten im Zelt und werden von einem Geräusch erschreckt. Die Herkunft des Geräusches sollte im Aufsatz aufgeklärt werden.

Beispiel

Abenteuer im Garten

An einem schönen Sommertag ging ich auf den Dachboden und holte mein Zelt herunter. Mein Freund Stefan und ich hatten vereinbart, diese Nacht im Zelt zu schlafen. Wir stellten uns alles ganz abenteuerlich vor, da unser Garten an den Wald angrenzt. Meine Eltern waren mit unserem Plan einverstanden, sagten aber noch: „Macht nicht zu viel Lärm, sonst gibt es wieder Ärger mit den Nachbarn!"

Stefan kam mit einem großen Rucksack voll Proviant und rief: „Los, wir müssen uns mit dem Aufbauen beeilen, sonst ist es Nacht und wir sehen nichts mehr!" Nach einer halben Stunde waren wir endlich fertig, das Zelt stand. Es war inzwischen fast dunkel geworden. Wir krochen deshalb gleich in unsere Schlafsäcke und zogen die Zeltplane zu. Stefan hatte viele leckere Sachen eingepackt, über die wir uns hermachten. Dabei unterhielten wir uns über unser nächstes Fußballspiel. Beinahe hätten wir über die Aufstellung gestritten, als Stefan flüsterte: „Psst, sei still, ein Geräusch!" Ich schwenkte die Taschenlampe hin und her, konnte aber nichts entdecken und beruhigte Stefan: „Nichts! Du leidest wohl unter Verfolgungswahn!" Doch plötzlich hörte auch ich etwas und uns beschlich ein beklemmendes Gefühl. Eine Weile saßen wir ganz still da. Als das Geräusch noch einmal zu hören war, sank uns das Herz in die Hose. Stefan raunte mir zu: „Geh hinaus und sieh nach, wer da ist!" Aufgebracht flüsterte ich zurück: „Bin ich blöd? Mach es doch selbst!"

Jetzt erkannten wir das Geräusch eindeutig als Trippeln. Wir hielten es nicht länger aus, packten unsere Taschenlampen ganz fest und krochen vorsichtig aus dem Zelt. Dann leuchteten wir rasch in alle Richtungen und konnten gerade noch ein Tier im nahe gelegenen Waldstück verschwinden sehen.

„Ein Fuchs, dort drüben!", rief mein Freund, doch da war er schon weg. „Er hat nur unsere Chips gewittert und wir haben ihn erschreckt", sagte Stefan bedauernd. „Na, er uns aber auch!", erwiderte ich ärgerlich, weil wir uns von einem harmlosen Fuchs so hatten ängstigen lassen.

Als wir am nächsten Morgen aufwachten und uns an das Nachterlebnis erinnerten, konnten wir beide über das kleine Fuchsmonster nur noch lachen.

☺ ☺ ☺

Die Geschichte enthält beispielhaft alle Reizwörter. Ihre Reihenfolge ist – wie es vorgegeben war – ebenfalls eingehalten. Der Aufsatz ist überzeugend und glaubhaft geschrieben. Er zeigt, dass gute Geschichten einfach sein können. Der Aufbau ist klar; ein Schritt folgt logisch auf den vorangegangenen.

Hund – Tabletten – Arzt

13 **Verfasse zu diesen Reizwörtern eine lustige Geschichte. Formuliere außerdem eine passende Überschrift.**

Beispiel

Ein etwas anderer Kaffeeklatsch

Alles begann an einem Tag, den man schnell vergessen sollte. Es war der Tag, an dem meine Mutter ihre Freundinnen zum Kaffeeklatsch eingeladen hatte. Mein kleiner Bruder Ralf und ich mussten gewöhnlich brav dabeisitzen und freundlich lächeln.

Jetzt war es so weit: Die ersten Damen kamen. Das hörte man schon an ihrem Gekicher. „Oh nein", dachte ich, „die dicke Amanda hat ihren Kläffer Waldi dabei!" Er war einer von diesen Hunden, die immer bellen. Als auch die letzten Frauen angekommen waren und sich um den Tisch versammelten, fingen sie an, über Gott und die Welt zu reden. Natürlich lief Waldi kläffend umher. So verging die Zeit. Ralf und ich lächelten freundlich, die Damen redeten und redeten. Manchmal sagte eine so wichtige Dinge wie: „Elfriede, sind deine Kinder wieder gewachsen!" Oder: „Wie alt seid ihr denn schon und wie geht es in der Schule?"

Plötzlich fiel mir auf, dass Waldi so ruhig war. Wo war er überhaupt? Ich wollte Amanda darauf aufmerksam machen, aber sie hörte einfach nicht auf zu reden. Ich gab es auf und zerrte Ralf in die Küche. „Wir müssen Waldi finden!“, meinte ich. „Sonst kriegt Amanda einen Anfall.“ Ralf stimmte mir zu,und schon suchten wir im ganzen Haus. In unseren Zimmern: nichts. Im Keller: nichts. Wir schauten überall nach, aber fanden den Hund nirgends. Langsam wurde ich unruhig. Was, wenn Waldi weg war oder etwas angestellt hatte? Amanda würde uns eine Menge Ärger machen. Da fiel mir ein: In Omis Zimmer hatten wir noch nicht gesucht. Dort sah ich ihre Tablettendose liegen. Der Inhalt war auf dem Boden verstreut. „Komisch“, dachte ich mir. Aber egal, jetzt war Waldi wichtiger.

Inzwischen hatte Ralf die Frauen alarmiert, die nun aufgeregt durch das Haus liefen. Das sah witzig aus. Plötzlich kreischte eine von ihnen. Sie hatte Waldi im Bad entdeckt. Aber wie sah er aus! Er taumelte umher und bellen konnte er auch nicht mehr. Ich schluckte. „Oh Gott, Waldi hat Omas Tabletten gefressen!“, stieß ich hervor. Amanda ließ einen Schrei los und griff nach dem Dackel. „Zum Tierarzt, wir müssen sofort zum Tierarzt!“, ächzte sie und stürzte aus dem Haus.

Bedrückt saßen wir wenig später alle am Kaffeetisch, als das Telefon läutete und Amanda uns mitteilte: „Es dauert noch bis morgen, aber er wird es überleben. Es waren keine starken Tabletten.“ Obwohl wir Waldi eigentlich nicht leiden konnten, waren wir sehr erleichtert. Nun ja, das war eben ein etwas anderer Kaffeeklatsch.

Die Verfasserin hat sich genau an die Erzählregeln gehalten und eine überzeugende, lustige Geschichte verfasst. Sie verwendet die wörtliche Rede geschickt zur Charakterisierung der Personen und lässt den Leser ihre Gedanken und Gefühle gut erkennen. Der Aufbau ist klar; ein Schritt folgt logisch auf den vorangegangenen.

14 **Schreibe auf, aus welchen Erzählschritten die Handlung aufgebaut ist** ***(Mutters Kaffeeklatsch ist geplant.– Die ersten Damen kommen. – …).***

Bande – Müllplatz – Freundschaft

15 **Schreibe zu diesen Reizwörtern eine anschauliche und lebendige Geschichte. Verwende die Reizwörter in der vorgegebenen Reihenfolge. Finde außerdem eine treffende Überschrift.**

Beispiel

Meine Aufnahme in die Müllplatzbande

Es war an einem heißen Sommertag. Mein Freund Uli und ich gingen von der Schule nach Hause. „Willst du nicht bei unserer Bande mitmachen? Du musst nur eine kleine Mutprobe auf dem Müllplatz bestehen. Dort ist nämlich unser Hauptquartier", schlug Uli vor. Das war schon lange mein Wunsch, aber meine Mutter war dagegen gewesen. Doch jetzt ließ ich mich nicht mehr aufhalten und ging ohne Erlaubnis auf den Müllplatz, auch wenn ich ein schlechtes Gewissen dabei hatte.

Wir erreichten das Lager der Bande, wo Peter uns mit einem höhnischen Lachen empfing. Peter konnte ich eigentlich nicht leiden und hatte sogar ein bisschen Angst vor ihm, aber ich lachte zurück. Uli flüsterte dem Bandenchef etwas ins Ohr, worauf dieser wortlos auf einen mächtigen Turm aufgestapelter Autos zeigte. Ich wusste, was zu tun war: auf diesen Turm klettern! Langsam näherte ich mich und stellte einen Fuß auf eine verrostete Autotür. Anfangs kam ich noch ganz gut voran, aber bald wurde es schwieriger, weil ich kaum Stellen zum Festhalten fand. Der Schweiß tropfte mir in die Augen, die dadurch zu brennen begannen. Meine Kraft ließ immer mehr nach. Sollte ich umkehren? Doch mein fester Wille, Mitglied in der Bande zu werden, trieb mich vorwärts. Der Turm wackelte immer stärker, ich spürte es genau. „Wenn ich herunterfallen würde, was dann? Was würde meine Mutter sagen?" Die Gedanken kreisten wild in meinem Kopf. Ich sah nach oben. Nur noch wenige Meter, das beruhigte mich ein bisschen. Dann blickte ich nach unten und konnte Peter neben Uli erkennen. Ich sah, wie Peter immer noch grinste, doch das Lachen sollte ihm bald vergehen. Nun musste ich nur noch einen Meter überwinden, aber dieser Meter hatte es in sich. Das letzte Auto hing halb in der Luft. Ich wusste nicht, was passieren würde, wenn ich mich daran festhielt. Aber das musste ich eben auch schaffen.

Ich holte tief Luft. Vorsichtig schwang ich mich ins Innere des Wagens und kletterte durch das Schiebedach nach oben. Die Angst wich plötzlich gänzlich von mir. Ich winkte triumphierend, während Peter ungläubig zu mir hoch starrte.

Das Hinuntersteigen war leichter, weil auf der anderen Seite des Turms die Autos wie eine Treppe übereinander gestapelt waren. Unten angekommen wunderte ich mich dann doch, als Peter auf mich zukam, mir die Hand gab und fragte: „Freundschaft?" Ich lachte und erwiderte: „Freundschaft!"

Diese Geschichte zeigt, dass du mit etwas Geschick eine gelungene Mischung aus Aktion und innerer Handlung konstruieren kannst. Aber Vorsicht: Die Geschichte ist nicht ganz selbst ausgedacht. Wenn du eine Leseratte bist, hast du bestimmt erkannt, woher die Idee dazu stammt.

Waldspaziergang – Schneetreiben – Rettung

16 **Verfasse zu diesen Reizwörtern eine spannende und anschauliche Geschichte. Die Reihenfolge der Reizwörter kannst du selbst bestimmen.**

Tipp Diese Reizwortkette ist anspruchsvoll, da sie viele Möglichkeiten der Ausgestaltung zulässt. Besonders wichtig ist hier die Darstellung der Wettersituation.

Beispiel

Schneesturm!

Seit zwei Tagen schneite es. Nun, am dritten Tag, hatte das Schneetreiben nachgelassen. „Es hat aufgehört. Komm, gehen wir hinaus", sagte mein Bruder Berni. Ich war sofort einverstanden und schlug vor, in den Wald zu laufen.

Wir folgten einem kleinen, verschneiten Weg, der in den Hochwald führte. Ein Vogel zwitscherte. Das war neben unseren Schritten fast das einzige Geräusch, das wir hörten. Gelegentlich fielen schwere Schneeladungen von Bäumen herab. Immer weiter marschierten wir in den Winterwald hinein. Wunderbar, dieser Waldspaziergang!

Wir waren schon weit gegangen, als mein Bruder sagte: „Lass uns umkehren. Es ist schon spät und mein Magen macht sich bemerkbar." – „Na gut, gehen wir zurück!", meinte ich. Also drehten wir um. Plötzlich aber endete der Weg und wir standen auf einer einsamen Lichtung. Berni jammerte, ihm sei kalt. Das war aber jetzt nicht das Hauptproblem. Ich konnte mich nicht erinnern, beim Hinweg an dieser Lichtung vorbeigekommen zu sein. Ich fluchte, doch da fiel mir etwas auf: „Ich glaube, dort drüben ist unser Lager, das wir im Sommer gebaut haben." Jetzt konnte sich auch mein Bruder wieder erinnern. Ich wusste nun auch eine Abkürzung, die wir sofort einschlugen.

Wir waren ein langes Stück gegangen, als plötzlich ein eisiger Wind aufkam. Es fing wieder an zu schneien. Immer kälter wurde der Wind. Wir hielten die Hände schützend vor das Gesicht. Schritt für Schritt kämpften wir uns durch den Schneesturm, der mittlerweile um uns herum tobte. Auf einmal standen wir vor einer riesigen alten Eiche. Wir stellten uns dahinter. Der Baum hielt zwar den Wind, nicht aber die Kälte ab. Ich zog meine Mütze tief ins Gesicht. Mein Bruder und ich waren der Kälte ausgeliefert. Was sollten wir nur tun? Ich hatte keine Ahnung, wie wir wieder nach Hause kommen sollten. Mein Bruder rückte näher, und wir drückten uns aneinander. Plötzlich ließ er mich los und zeigte nach oben. Er hatte etwas entdeckt. War es unsere Rettung? Hoffnungsvoll blickte ich ebenfalls nach oben und endlich verstand ich ihn. Berni hatte einen Jägerstand entdeckt. Wir stiegen, gegen den Wind ankämpfend, die Leiter hinauf. Mein Herz hüpfte vor Freude und Erleichterung. Ich war oben und hatte es geschafft. Als ich mich umdrehte, sah ich aber, dass meinen Bruder auf halbem Weg die Kräfte verließen. Ich musste ihm helfen. Mit beiden Händen zog ich ihn nach oben. Im Jägerstand war es windgeschützt. Er war wie ein richtiges Baumhaus gezimmert. Hier konnten wir das Ende des Sturms abwarten.

Nach einer Weile, die uns endlos vorkam, hatte das Unwetter sich gelegt. Wir stiegen die Leiter hinunter. Und jetzt kannte ich mich auch wieder aus. Wir liefen, so schnell wir konnten, nach Hause. Dort schloss Mama uns erleichtert in die Arme. Sie hatte sich schon große Sorgen gemacht und packte uns in warme Decken. Wir tranken heißen Tee und tauten langsam wieder auf.

Hier entsteht Spannung durch die Schilderung, wie die Kinder das Unwetter empfinden. Zunächst ist das Wetter schön und daher die Stimmung der beiden gut: *Wir folgten einem kleinen verschneiten Weg, der in den Hochwald führte. Ein Vogel zwitscherte. Das war neben unseren Schritten fast das einzige Geräusch, das wir hörten. Gelegentlich fielen schwere Schneeladungen von Bäumen herab. Immer weiter marschierten wir in den Winterwald hinein. Wunderbar, dieser Waldspaziergang!*

Je schlechter das Wetter wird, desto unheimlicher erscheint der Wald:
Wir waren ein langes Stück gegangen, als plötzlich ein eisiger Wind aufkam. Es fing wieder zu schneien an. Immer kälter wurde der Wind. Wir hielten die Hände schützend vor das Gesicht. Schritt für Schritt kämpften wir uns durch den Schneesturm, der mittlerweile um uns herum tobte.

Ausgestaltung eines Erzählkerns

- Ein Erzählkern gibt in kurzer Form die Grundzüge einer Geschichte wieder. Meistens nimmt man dafür einen Zeitungsbericht.
- Ein Erzählkern ist sachlich geschrieben, das heißt: ohne innere Handlung, ohne Gedanken und Gefühle der handelnden Personen.
- Deine Aufgabe ist es, aus der Vorlage eine Geschichte zu machen. Du sollst demnach die Informationen der Nachricht in eine spannende oder witzige Erzählung umsetzen.
- Die wichtigen Einzelheiten des Berichts stellen das Grundgerüst dar, das du um innere Handlung, interessante Einzelheiten und wörtliche Rede erweiterst.
- Es gelten die Regeln der Erlebniserzählung (siehe Seite 8ff.).
- Deine Erzählung muss alle Informationen der Nachricht enthalten. Auch darfst du nichts am Inhalt verändern. Denk aber daran, dass du Einleitung und Schluss selbst finden musst.

Folgende Arbeitsschritte sind wichtig:

- Markiere alle wichtigen Informationen in der Textvorlage.
- Formuliere die wichtigen Infos in deinen eigenen Worten.
- Notiere die Fakten in der richtigen Reihenfolge.

Vorsicht, Falle!

Die sechs häufigsten Fehler, die bei der Ausgestaltung eines Erzählkerns gemacht werden, sind:

- Wenn der vorgegebene Text aus der Zeitung stammt, wird häufig der sachliche Stil der Vorlage übernommen, obwohl der Aufsatz eine spannende Erzählung mit Höhepunkt, Darstellung von Gefühlen und Gedanken sowie interessanten Einzelheiten sein soll.
- Die Gliederung des Aufsatzes in Einleitung, Hauptteil (mit dem Höhepunkt der Geschichte) und Schluss fehlt ebenso wie die Einteilung des Textes in Absätze.
- Nicht immer werden alle Fakten berücksichtigt, obwohl alle Informationen der Vorlage im Aufsatz enthalten sein müssen.
- Häufig werden vorgegebene Fakten des Erzählkerns verfälscht, um sie für die eigene Geschichte passend zu machen.
- Die Überschrift des Aufsatzes verrät zu viel vom Inhalt, obwohl sie nur neugierig machen und zum Lesen des Textes anregen soll.
- Die Sätze sehen alle gleich aus, weil Wortwahl und Satzbau sich sehr ähneln. Durch abwechslungsreiche Adjektive und Verben sowie durch Variationen beim Satzbau kannst du diese Falle vermeiden.

17 **Gestalte die folgende Zeitungsmeldung zu einer anschaulichen Erzählung aus. Achte darauf, dass du alle wichtigen Informationen aus der Zeitungsmeldung übernimmst.**

Wasserburg. Der zwölfjährige Andreas R., der am Abend seinen Hund spazieren führte, wurde durch das Knurren seines treuen Gefährten auf einen Mann aufmerksam, der sich an der Tür der Stadtapotheke zu schaffen machte. Der Hund jagte dem Einbrecher einen solchen Schrecken ein, dass dieser schnell davonrannte. Der Mann, der bisher nicht gefunden werden konnte, ließ eine Tasche mit Einbruchswerkzeug zurück.

Beispiel

Mein Hund, der Held

Am Montagnachmittag spielte ich mit meinem Freund Fußball. Wir tobten auf der Wiese herum und übten Elfmeterschießen. Leider vergaß ich darüber die Zeit und kam eine halbe Stunde zu spät nach Hause.

Mama schimpfte mich fürchterlich, denn sie mochte keine Unpünktlichkeit: „Andreas, wo warst du denn wieder so lange? Rex hätte schon vor einer halben Stunde ausgeführt werden müssen. Schließlich ist es dein Hund und du musst dich um ihn kümmern." Ich antwortete: „Na gut, dann führe ich ihn eben jetzt aus." Ich nahm Rex an die Leine und ging los. Inzwischen war es dunkel geworden.

Nach einer Viertelstunde erreichten wir den Marktplatz, wo es viel Interessantes gab. Zuerst kamen wir an einer Metzgerei vorbei. Da machte ich natürlich sofort kehrt, denn Rex nahm schon nach ein paar Sekunden den Geruch von guten Würsten auf. Als wir in eine verlassene Nebenstraße gelangten, in der es nur wenige Geschäfte gab, wurde es mir auf einmal mulmig zumute. Ich vernahm komische Geräusche, wie immer, wenn ich Angst hatte. Da, schon wieder! Es klang wie eine Bohrmaschine. „Ach Quatsch, um diese Zeit doch nicht mehr!", dachte ich.

Als wir aber um die nächste Ecke bogen, knurrte Rex, wie ich es von ihm noch nie gehört hatte. Was ich jetzt sah, ließ mir den Atem stocken. Da stand doch tatsächlich ein schwarz gekleideter Mann, der vergeblich die Tür der Apotheke aufzubrechen versuchte. Ich überlegte fieberhaft, was zu tun war, als plötzlich Rex wütend zu bellen anfing und dabei die Zähne fletschte. Der Einbrecher war zu Tode erschrocken, ließ sein Werkzeug fallen und ergriff die Flucht. So schnell er konnte, rannte er weg und blickte sich nicht einmal um.

Während ich den Hund festhielt, der natürlich die Verfolgung aufnehmen wollte, kam auch schon die Polizei um die Ecke. Ein Nachbar musste sie verständigt haben. Ein netter Polizist fragte mich, was los war. „Ein Einbrecher, dort hinten", stammelte ich, noch völlig eingeschüchtert. Am Eingang der Apotheke fanden die Polizisten nur noch eine Tasche mit Einbruchswerkzeug.

Jetzt lief ich mit Rex nach Hause, wo ich Mutter alles ganz genau erzählte. Sie lobte Rex sehr und belohnte den mutigen Hund mit einer leckeren Wurst. Wir waren alle sehr stolz auf ihn.

Die Verfasserin des Aufsatzbeispiels macht ihre Sache sehr gut, da sie alle Informationen der Textvorlage verwendet. Durch Erläuterungen und Zwischenschritte verbindet sie die Fakten logisch miteinander. Sicher leuchtet ein, dass die Geschichte nicht bei der Stadtapotheke beginnen kann. Es muss dargestellt werden, was Andreas überhaupt dort macht. Hinzu kommt, dass die Erzählerin das Gespräch mit dem netten Polizisten erfindet und sich auf diese Weise geschickt aus der Geschichte zurückzieht.

18 **Schreibe die einzelnen Schritte, aus denen sich das Aufsatzbeispiel „Mein Hund, der Held" zusammensetzt, in der richtigen Reihenfolge auf** *(Verspätung durch das Fußballspielen – Aufbruch zum Spaziergang mit Rex – …)*.

19 **Schreibe eine Ausgestaltung des Erzählkerns der folgenden Zeitungsmeldung und erzähle dabei aus der Sicht des Vogels. Verwende als besonderes Stilmittel das szenische Präsens.**

Nürnberg. In Angst und Schrecken versetzte letzte Woche ein aus dem Zoo entflogener Papagei ein Kaffeekränzchen. Die älteren Damen hatten es sich gerade auf der Terrasse eines Wohnhauses in der Erlenstraße gemütlich gemacht, als unheimliche Zwischenrufe aus dem All ertönten. Der Hausmeister konnte aber die Ursache der Störung im Apfelbaum entdecken und den Vogel wieder einfangen.

Tipp Diese Erzählkernerweiterung ist etwas ganz Besonderes, da du aus der Sicht eines Tieres schreiben musst. Weißt du noch, was szenisches Präsens bedeutet? Du benutzt es an der spannendsten Stelle der Geschichte. Du wechselt am Höhepunkt von der üblichen Erzählzeit Präteritum/Imperfekt ins Präsens. Mit diesem Kunstgriff erreichst du, dass der Leser den Eindruck hat, noch unmittelbarer am Geschehen beteiligt zu sein. Danach kehrst du wieder zum Präteritum/Imperfekt zurück. Das folgende Beispiel zeigt dir, wie es geht.

Beispiel

Besuch aus dem All

„Geh weg, du doofer Affe!", rief ich einem Mann zu, und alle Kinder lachten. Auch der Mann lachte. Ich, Lora, der sprechende Papagei, war nämlich eine Attraktion des Nürnberger Zoos. In der letzten Woche erlebte ich eines meiner vielen Abenteuer.

Am Morgen kam wie immer mein Wärter Karl und brachte mir das Frühstück. Nachdem er wieder gegangen war, bemerkte ich, dass er die Käfigtüre offen gelassen hatte. „Mensch, ist der Karl aber dumm. Der kommt wohl nie auf den Gedanken, dass ich einen Ausflug machen könnte", dachte ich. Das war die Chance! Nürnberg wollte ich schon immer mal kennen lernen. So toll war es in meinem Käfig nun wirklich nicht. Ich schlug mehrmals mit den Flügeln und flog davon.

Der Wind brauste mir um die Ohren. Einfach toll! War das schön, wieder einmal so richtig zu fliegen. „Ja, das Wetter ist heute ausgezeichnet!", hörte ich plötzlich eine Stimme unter mir. „Da haben Sie Recht, Erna", sagte eine zweite. Eine dritte fragte: „Kennen Sie schon das neue Parfum von Kevin Swine, Waldtraut?" Oh, prima, das klang nach alten Damen, die man gut hereinlegen konnte! Ich flog in Richtung der Stimmen – und was sah ich da? Fünf nette Omas beim Kaffeeklatsch auf einer Terrasse. Daneben stand auch ein Apfelbaum, auf dem es sich gut landen ließ. Schnell flatterte ich hinein. „Das wird ein Spaß", dachte ich mir.

„Wissen Sie schon, dass die kleine Eva Müller geheiratet hat?", flötete ich vom Baum herunter. „Was war das?", fragte eine der Damen. „Hallo, bekomme ich eine Antwort?", rief ich wieder. „Eine Stimme aus dem All!", flüsterte Waldtraut aufgeregt. „Quatsch! Du immer mit deinen Ufos!", entgegnete Erna empört.

Da kommt mir noch eine Idee: „Ich bin die Stimme aus dem All. Ich bin da, um euch für eure Klatschgeschichten zu bestrafen." – „Bitte tu uns nichts, wir wollen noch ein bisschen leben." Alle bekommen jetzt Angst und rufen durcheinander. „Hilfe, ein Außerirdischer!" – „Polizei, Polizei, zu Hilfe!" Aber ich höre nicht auf und treibe den Spaß noch weiter: „Euch hört keiner. Ihr seid mir hilflos ausgeliefert. Versprecht mir, nie mehr zu klatschen und böse über andere zu reden!", rufe ich mit drohender Stimme. „Ja, ja, wir versprechen alles."

Und dann war der Spaß plötzlich vorbei. Der Hausmeister war wohl durch die aufgeregten Stimmen aufmerksam geworden und kam in den Garten. „Was ist denn hier los?" – „Herr Wagner, gut, dass Sie kommen. Da ist ein Außerirdischer im Apfelbaum!", schrien die alten Damen. „So ein Unsinn!", erwiderte dieser. Er ging furchtlos auf den Baum zu und entdeckte mich sofort. „Na", lachte er, „sag mal was, du Außerirdischer!" – „Du Lümmel!", antwortete ich. Der Hausmeister lachte noch mehr.

Nachdem er den Damen alles erklärt hatte, ging er ins Haus und rief im Zoo an. Kurze Zeit später erschien mein Wärter Karl. Da ich für diesen Tag genug angestellt hatte, ließ ich mich einfangen und saß bald wieder auf meiner Stange im Tiergarten.

Diese Geschichte ist wirklich lustig. Die witzigen Effekte entstehen dadurch, dass die Erzählerin dem Papagei menschliche Eigenschaften wie Sprechen und Denken zuschreibt. Dies ist zwar nicht wirklichkeitsgetreu, aber durch die Themenstellung vorgegeben. Dann ist es erlaubt.

Durch das szenische Präsens wird eine größere Nähe des Lesers zum Geschehen erzeugt. Man sitzt sozusagen beim Kaffeekränzchen mit auf der Terrasse:
Da kommt mir noch eine Idee: „Ich bin die Stimme aus dem All. Ich bin da, um euch für eure Klatschgeschichten zu bestrafen." – „Bitte tu uns nichts, wir wollen noch ein bisschen leben." Alle bekommen jetzt Angst und rufen durcheinander. „Hilfe, ein Außerirdischer!" – „Polizei, Polizei, zu Hilfe!" Aber ich höre nicht auf und treibe den Spaß noch weiter: „Euch hört keiner. Ihr seid mir hilflos ausgeliefert. Versprecht mir, nie mehr zu klatschen und böse über andere zu reden!", rufe ich mit drohender Stimme. „Ja, ja, wir versprechen alles."

Gleich nach dem Höhepunkt erfolgt der Wechsel zurück ins Imperfekt/Präteritum:
Und dann war der Spaß plötzlich vorbei. Der Hausmeister war wohl durch die aufgeregten Stimmen aufmerksam geworden und kam in den Garten.

20 **Gestalte den Zeitungsbericht zu einer spannenden und interessanten Geschichte aus. Erfinde außerdem eine passende Überschrift.**

Hamburg. Eine 1,40 Meter lange, nach Polizeiangaben jedoch ungefährliche Grasnatter hat in einer Hamburger Pizzeria Panik unter den Gästen ausgelöst. Das Tier war aus dem Terrarium des Lokalinhabers entkommen. Gemeinsam mit dem Tierhalter brachten die herbeigerufenen Beamten die Schlange wieder in ihre Behausung zurück.

Beispiel

Aufregung in der Pizzeria

„Papa, wann kommt denn endlich unser Essen?", fragte meine kleine Schwester ungeduldig. „Ich habe Hunger." – „Marie, heute sind viele Leute in der Pizzeria. Der Koch hat viel zu tun. Wir müssen eben ein bisschen warten." Ich war mit meinen Eltern und meinen kleineren Geschwistern Jonas und Marie zum Mittagessen ins „Amalfi" gegangen. Wir warteten schon seit einiger Zeit auf unsere Pizza.

Endlich kam das Essen. Mit Heißhunger stürzten wir uns auf unsere Pizzas. „Kinder, lasst euch doch Zeit zum Essen!", ermahnte uns Mutter. „Wir haben eben Hunger!", erwiderte mein Bruder mit vollem Mund. Auf einmal hörten wir einen Schrei. „Was war das?", fragte Papa erstaunt. In diesem Moment kam der Koch aus der Küche gerannt. „Da, da", stotterte er. Mehr brachte er nicht heraus. Jetzt sah ich auch, weshalb er so geschrien hatte. Eine lange, gefleckte Schlange kroch durch die Tür geradewegs auf uns zu.

Mir bleibt vor Schreck fast das Herz stehen. „Hilfe!", brülle ich los und springe auf den Tisch. Auch die anderen Leute entdecken die Schlange und schreien. In ihrer Panik laufen alle wie verrückt durcheinander. Ich denke ängstlich: „Die ist bestimmt gefährlich!" Plötzlich geht die Tür auf und der Oberkellner ruft in das Chaos: „Was ist denn hier los?" Wir können nur antworten: „Eine Schlange, eine Schlange!" Dann höre ich die Stimme meines Vaters: „Alle raus auf die Straße!" Die Leute befolgen seine Anweisung und jemand ruft: „Ich habe schon die Polizei über Handy verständigt!"

Kurz darauf hörten wir Polizeisirenen. Dann stürmten die Beamten ins Lokal. Ich beobachtete durch ein Fenster, wie sie sich vorsichtig der Schlange näherten. Auf einmal drängte sich der Lokalinhaber durch die Menge nach vorn und rief den Polizisten zu: „Das ist ja meine Lola! Tun Sie ihr nichts! Sie ist völlig harmlos!" Er erklärte uns, das Tier sei aus dem Terrarium entwischt und wahrscheinlich durch einen Kabelschacht in die Küche gelangt. Dann fing er an zu lachen: „Meine Lola! Wegen einer ungiftigen Grasnatter so eine Aufregung!" Auch die Polizeibeamten und die Gäste, die sich vor den Fenstern drängten, lachten mit. Der Besitzer nahm die Natter und brachte sie in ihr Terrarium zurück.

Nach dem ausgestandenen Schrecken ließen wir uns die Pizza schmecken und ich dachte: „Morgen habe ich in der Schule einiges zu erzählen!"

An dieser Geschichte sind zwei Elemente gut gelungen: Die wörtliche Rede ist besonders beim Gespräch der Familienmitglieder sehr glaubwürdig ausgedacht. Außerdem verwendet der Verfasser am Höhepunkt das szenische Präsens.

21 **Gestalte den Zeitungsbericht in eine witzige Erzählung um. Versetze dich dabei in eines der Kinder. Erfinde eine Überschrift, die zum Lesen der Geschichte reizt.**

Berlin. Da staunten die Kinder Max und Sophie nicht schlecht: Als sie gestern Mittag aus der Schule kamen, entdeckten sie im Garten ihres Reihenhauses (Nähe Tierpark) ein afrikanisches Warzenschwein, das sich am Kompost zu schaffen machte. Die Kinder verständigten telefonisch die Polizei. Kurze Zeit später holten Zoomitarbeiter das Tier mit einem Spezialtransporter ab.

Beispiel

Warzenschwein gehabt!

Endlich war die Schule vorbei. „Tschüs, Heidi!", rief ich und schaute meiner Freundin nach. „Komm, beeil dich. Ich habe Hunger wie ein sibirischer Steppenwolf", drängte mich mein älterer Bruder.

Auf dem Heimweg kamen wir wie immer am Tierpark vorbei. „Oh, wie gerne würde ich dort als Naturspeziologe arbeiten!“, sagte Max. „Quatsch keine Opern! Du hast doch eine Vier in Bio!“, gab ich zurück. Wir waren inzwischen an unserem Elternhaus angekommen und stellten fest, dass keiner von uns einen Schlüssel dabeihatte. Also gingen wir um das Haus herum in Richtung Garten, um den Ersatzschlüssel aus dem Geheimversteck zu holen. Als wir vor dem Gartentor standen, hörten wir plötzlich merkwürdige Laute: „grunz, grunz“. Völlig verblüfft starrten wir zum Komposthaufen, wo ein seltsames Tier stand und haufenweise Obstabfälle mampfte. Es hatte schwarze Borsten und komische Beulen. „Ein afrikanisches Warzenschwein!“, rief mein Bruder aufgeregt. „Was nun, Herr Naturspezialist? Was sollen wir jetzt tun?“, sagte ich neckend und blickte Max erwartungsvoll an. „Wir müssen die Polizei anrufen, aber wie kommen wir an den Schlüssel? Diese Viecher sind nämlich viel gefährlicher als das gemeine Nilkrokodil!“ – „Meinst du wirklich?“, gab ich zurück. „Klar“, sagte er, „das habe ich kürzlich in einem Buch gelesen.“

Kurz entschlossen rannte ich zum Nachbarn, um von dort die Polizei zu verständigen. Auf dem Rückweg nahm ich aus seinem Garten ein paar Äpfel und Karotten mit, um das Tier bei Laune zu halten. „Die Polizei wusste schon von dem süßen kleinen Ausbrecher. Er heißt Fritz und gehört in den Tierpark. Fritz wird gleich abgeholt“, erzählte ich Max, während wir dem Vielfraß das Obst und Gemüse zuwarfen. „Der ist dir irgendwie schon ziemlich ähnlich“, bemerkte ich grinsend zu Max. Glücklicherweise kamen die Wärter bald, sonst hätte Fritz noch Mamas Salatbeet geplündert.

„Los, Fritzchen, komm, komm in den Transporter!“, lockte der Wärter das Warzenschwein in den großen Wagen. Zur Belohnung schickte uns der Zoodirektor Freikarten, und wir durften den Wärtern sogar beim Füttern helfen.

Die Erzählerin verwendet zwar häufig die wörtliche Rede, aber das wirkt teilweise sehr merkwürdig. Einige Bemerkungen sind gewollt witzig, andere entsprechen nicht der Redeweise von Kindern, sondern machen den Typ „Professor“ aus älteren Jugendbüchern nach. Folgende Ausdrücke sind nicht gut gewählt: *Naturspeziologe, quatsch keine Opern, gemeines Nilkrokodil, süßer kleiner Ausbrecher.*

22 **Erweitere die Zeitungsmeldung zu einer spannenden Erlebniserzählung. Wähle dabei die Perspektive/Sicht eines der beiden Einbrecher.**

Köln. Großes Pech hatten zwei Einbrecher, die in der Nacht von Mittwoch auf Donnerstag den Tresor einer Filiale der Leipziger Bank in der Severinstraße ausräumen wollten. Nachdem sie den Geldschrank gewaltsam geöffnet hatten, mussten sie feststellen, dass er leer war. Darüber gerieten sie so in Streit, dass die Nachbarn auf den Lärm aufmerksam wurden und die Polizei alarmierten. Beide Verbrecher wurden noch am Tatort verhaftet.

Beispiel

Das große Los

In meinem Wohnzimmer besprachen mein Kumpel Igor und ich noch einmal alle Einzelheiten. Ich erklärte: „Also, während ich das Türschloss knacke, hältst du auf der Straße Wache. Danach räumen wir gemütlich den Tresor aus. Klar?" – „Ist doch logisch!", meinte Igor.

Wir gingen aus dem Haus und schlenderten wie zwei ganz gewöhnliche Spaziergänger zur Leipziger Bank. Igor postierte sich unter einer Straßenlaterne und ich schlich zur Tür. Sie aufzubrechen war wirklich Kinderkram. Jeder Handgriff saß. Es war schließlich nicht mein erster Einbruch. Mit einem kurzen Pfiff signalisierte ich meinem Kumpel, dass die Tür geknackt war und er kommen konnte.

Kurz darauf standen wir vor einem großen Tresor. „Zu dämlich, diese Typen! Das Schloss hätte meine Oma mit der Haarnadel geknackt", kicherte ich. Igor war sich nicht so sicher: „Hoffentlich erwischen sie uns nicht. Ich habe ein ungutes Gefühl." Doch das hörte ich schon nicht mehr, denn ich war ganz damit beschäftigt, diesen Tresor zu öffnen. Nach einiger Zeit wurde ich wütend: „Das Teil macht Zicken. Warum springt es denn nicht auf?" Doch Igor grinste nur: „Das habe ich mir schon gedacht", flüsterte er. „Hier, nimm das!" Einen Moment hielt ich inne, doch dann konnte ich mir das Lachen nicht verkneifen. „Dynamit? Sehr gut!" Mein Kumpel hielt eine kleine Stange des explosiven Stoffes in der Hand. Dann legte er sie vor den Geldschrank und ich zündete die Lunte an. Schnell warfen wir uns in eine Ecke und hielten uns die Ohren zu. „Bumm!", ein kurzer Knall, und schon sprang die Tresortür auf. Ängstlich schaute ich mich um: „Hoffentlich hat das keiner gehört!"

Igor starrt wie versteinert auf den Tresor. „Leer, leer. Ich fasse es nicht! Und du bist schuld!", kreischt er. „Das halte ich nicht aus. Du gibst mir die Schuld! Du wolltest doch unbedingt diese Bank ausrauben!" Plötzlich springt er auf mich zu und reißt mich am Hemdkragen hoch. „Du hast doch `nen Knall!" Rot vor Wut mache ich mich los und stürze mich mit wildem Geschrei auf ihn. Da höre ich eine Stimme: „Hände hoch, meine Herren! Sie sind verhaftet." Die Polizei! Schreckensbleich murmle ich immer wieder: „Das gibt es nicht! Jetzt ist alles aus!"

Tja, ein paar Jahre Knast brummte der Richter uns einige Wochen später auf. Und das nur wegen unserer eigenen Blödheit.

Dieses Beispiel ist zwar eine flotte Geschichte, aber vor allem zu Beginn bleibt die Darstellung sehr ungenau. Der Einleitungssatz – *In meinem Wohnzimmer besprachen mein Kumpel Igor und ich noch einmal alle Einzelheiten* – führt nicht zum späteren Geschehen hin und lässt unbeantwortet, was die beiden überhaupt besprochen haben.

23 **Schreibe eine bessere Einleitung. Erwähne dabei, was zu welchem Zeitpunkt und an welchem Ort ablaufen soll. Lies danach den Lösungsvorschlag und vergleiche ihn mit deinem Text.**

Lösungsvorschlag:
Es dämmerte schon. In meinem Wohnzimmer besprachen mein Kumpel Igor und ich noch einmal alle Einzelheiten, wie wir heute Nacht beim geplanten Überfall auf die Leipziger Bank vorgehen wollten.

Weiterführung eines Erzählanfangs

- Der Erzählanfang legt die Angaben zu Ort, Zeit, Personen und Situation fest.
- Verwende alle Informationen, die im Erzählanfang vorgegeben sind.
- Knüpfe logisch an den letzten Satz des Erzählanfangs an.
- Überlege, aus welcher Sicht du schreiben musst (Ich- oder Er-/Sie-Erzähler).
- Beantworte alle Fragen, die im Erzählanfang aufgeworfen werden.
- Versuche den Ton des Erzählanfangs zu treffen.
- Halte die Regeln der Erlebniserzählung ein (siehe Seite 8ff.).

Der vorgegebene Erzählanfang ist eine Erleichterung für dich, da du dir keine komplett eigene Geschichte ausdenken musst.

Vorsicht, Falle!

Die sechs häufigsten Fehler, die bei der Weiterführung eines Erzählanfangs gemacht werden, sind:

- Die Fortsetzung der Geschichte passt logisch nicht zum vorgegebenen Erzählanfang.
- Die im Erzählanfang gemachten Angaben zu Ort, Zeit, Personen und Situation werden in der Fortsetzung ganz oder teilweise nicht wieder aufgegriffen.
- Die Erzählperspektive (Ich- oder Er-/Sie-Erzähler) wird nicht berücksichtigt. Teilweise werden beide Perspektiven miteinander vermischt.
- Gedanken, Gefühle und wörtliche Reden fehlen.
- Die Geschichte wirkt übertrieben und dadurch unglaubwürdig, obwohl sie glaubhaft und wahrscheinlich sein soll.
- Die Sätze sehen alle gleich aus, weil Wortwahl und Satzbau sich sehr ähneln. Durch abwechslungsreiche Adjektive und Verben sowie durch Variationen beim Satzbau kannst du diese Falle vermeiden.

24 **Versetze dich in den Ich-Erzähler und erfinde eine Geschichte, die zu dem folgenden Erzählanfang passt.**

Mein Vater hatte seine Arbeitsstelle gewechselt. Wir waren in eine neue Stadt gezogen, die 350 Kilometer entfernt von unserem alten Zuhause lag. Während meine Eltern die Umzugskisten leerten, zog ich los, um den Ort zu erkunden. Dabei fand ich einen Spielplatz, der mir so gut gefiel, dass ich lange blieb und die Zeit vergaß. Erst als es dunkel wurde, machte ich mir Gedanken, wie ich wieder nach Hause kommen sollte. Nicht einmal an den Namen unserer Straße konnte ich mich erinnern. Erschrocken lief ich los. ...

Tipp Das Thema gibt den Ablauf der Handlung sehr stark vor. Nach diesem Erzählanfang ist völlig klar, dass der Ich-Erzähler zunächst nicht nach Hause findet und Ängste ausstehen muss. Nur die Lösung des Problems musst du dir überlegen.

Beispiel

Verirrt

Mein Vater hatte seine Arbeitsstelle gewechselt. Wir waren in eine neue Stadt gezogen, die 350 Kilometer entfernt von unserem alten Zuhause lag. Während meine Eltern die Umzugskisten leerten, zog ich los, um den Ort zu erkunden. Dabei fand ich einen Spielplatz, der mir so gut gefiel, dass ich lange blieb und die Zeit vergaß. Erst als es dunkel wurde, machte ich mir Gedanken, wie ich wieder nach Hause kommen sollte. Nicht einmal an den Namen unserer Straße konnte ich mich erinnern. Erschrocken lief ich los.

Doch bald ging mir die Luft aus. Ich setzte mich hin und atmete tief durch. Dann überlegte ich, was ich tun sollte. Ich bekam ein flaues Gefühl im Magen und merkte, wie meine Hände feucht wurden. Bloß nicht heulen. Aber schon strömten mir die Tränen über das Gesicht. Sollte ich einfach hier übernachten? Allein der Gedanke daran ließ mich schlottern, denn es war kalt und ich fühlte mich sehr einsam. Also überlegte ich: Soll ich warten, bis ein Auto kommt, es anhalten und fragen, wo die Polizei ist? Das könnte ich eigentlich machen. Aber vielleicht ist der Fahrer betrunken und nimmt mich mit. Nein, das war zu gefährlich. Jetzt zitterte ich am ganzen Körper. Bestimmt war mein Gesicht kreideweiß. Sollte ich es wagen, beim nächsten Haus zu klingeln?

Nach einiger Zeit hatte ich mich etwas beruhigt, sodass ich aufstehen und meinen Plan in die Tat umsetzen konnte. Ich klingelte am nächstgelegenen Haus. Die Tür ging auf und ein großer Mann starrte mich unangenehm an. Dann schlug er die Tür wieder zu und schrie dabei: „So ein Lümmel!" Sollte ich es noch einmal wagen? Bedrückt schlich ich zum nächsten Haus. Als ich dort geklingelt hatte, öffnete eine junge, freundliche Frau die Tür. Sofort dachte ich mir: „Die hilft mir bestimmt!" Da fragte sie auch schon: „Wer bist denn du?" Mit zitternder Stimme sagte ich ihr meinen Namen und erklärte alles. „Ach, du armes Kind!" Sie rief bei der Polizei an, die mich dann fünf Minuten später abholte. Der Polizist schlug vor: „Fahren wir ein Stück. Wenn dir die Gegend bekannt vorkommt, schreist du ‚Stopp', ja?" Wir fuhren durch die Straßen. „Halt, ich glaube, da vorne müssen wir nach links!", rief ich auf einmal. Und schon bog der Fahrer links ab. „Juhu, das ist unsere Straße!" Erleichtert seufzte ich auf und hüpfte aus dem Auto, nachdem wir vor unserem Haus angekommen waren.

Der nette Polizist brachte mich bis zur Haustür, wo meine Mutter schon wartete. Sie schloss mich in ihre Arme, und ich konnte wieder die Tränen nicht zurückhalten. Diesmal aber weinte ich vor Freude.

Vielleicht hast du dir beim Lesen des Aufsatzbeispiels gedacht, dass kaum die wörtliche Rede vorkommt. Das ist hier aber genau richtig. Es geht zunächst vor allem um die Gedanken und Angstgefühle eines Kindes, das allein ist und sich verlaufen hat:
Bloß nicht heulen! Aber schon strömten mir die Tränen über das Gesicht. Sollte ich einfach hier übernachten? Allein der Gedanke daran ließ mich schlottern, denn es war kalt und ich fühlte mich sehr einsam. Also überlegte ich: Soll ich warten, bis ein Auto kommt, es anhalten und fragen, wo die Polizei ist? Das könnte ich eigentlich machen. Aber vielleicht ist der Fahrer betrunken und nimmt mich mit. Nein, das war zu gefährlich. Jetzt zitterte ich am ganzen Körper. Bestimmt war mein Gesicht kreideweiß. Sollte ich es wagen, beim nächsten Haus zu klingeln?

Später, als das Kind auf Leute trifft, wird natürlich die wörtliche Rede wieder verwendet. Viele Schüler meinen, ein Aufsatz sei schon deshalb gut, weil er wörtliche Rede enthält. Du hast im Beispiel aber gesehen, dass ihre Verwendung nur dann richtig ist, wenn sie die Geschichte vorwärts bringt oder Personen charakterisiert.

25 **Nimm die Position des Ich-Erzählers/der Ich-Erzählerin ein, führe die folgende Erzählung fort und erfinde eine passende Überschrift.**

Am Sonntag besuchten meine Eltern, mein Bruder und ich seit langem wieder einmal Tante Clara. Tante Clara ist eigentlich nur Papas Großkusine und ich mag sie nicht besonders gern, weil sie immer so besorgt um ihre kostbare Vasensammlung ist. Natürlich darf man bei ihr nichts anfassen. Diesmal, so hatten wir Kinder beschlossen, würden wir Tante Clara einen gehörigen Schrecken einjagen. ...

Beispiel

Schreck für Tante Clara

Am Sonntag besuchten meine Eltern, mein Bruder und ich seit langem wieder einmal Tante Clara. Tante Clara ist eigentlich nur Papas Großkusine und ich mag sie nicht besonders gern, weil sie immer so besorgt um ihre kostbare Vasensammlung ist. Natürlich darf man bei ihr nichts anfassen. Diesmal, so hatten wir Kinder beschlossen, würden wir Tante Clara einen gehörigen Schrecken einjagen.

Sobald wir wussten, dass der Besuch stattfinden sollte, überlegten wir hin und her. Am Samstag mussten mein Bruder Mark und ich im Keller aufräumen. Im hintersten Winkel fanden wir alte, verstaubte Flaschen. Mark sah mich mit Verschwörerblick an und sagte: „Erinnerst du dich an den Krimi gestern Abend im Fernsehen?" – „Du willst doch nicht etwa ...", wisperte ich. Doch Mark schnitt mir das Wort ab. „Natürlich werde ich." Ich sah ihn zweifelnd an, aber er packte die Flaschen schon in eine Tüte und band sie oben mit Draht zusammen. Ich lief inzwischen in mein Zimmer und holte den alten Kassettenrekorder meines Vaters, der noch gut funktionierte. Dann schlichen wir uns aus dem Haus und gingen auf die Straße. Wir beobachteten die vorbeigehenden Leute. Als niemand mehr zu sehen war, rief Mark: „Jetzt oder nie!" Schnell drückte ich die Aufnahmetaste. Mark zählte noch bis drei, dann warf er die Flaschen auf die Straße. Es klirrte furchtbar laut und wir sprangen schnell hinter einen Busch. Kurz darauf liefen wir nach Hause.

Am nächsten Tag war es regnerisch und kalt. Im Auto fragte Mark flüsternd: „Hast du das Gerät dabei?" – „Aber ja doch!", flüsterte ich zurück und klopfte auf meine Tasche, um ihm damit zu signalisieren, dass ich es auch ganz bestimmt mitgenommen hatte. Nach einer unendlich langen Fahrt kamen wir bei Tante Clara an. Sie riss die Haustür auf und küsste uns von oben bis unten ab. Grässlich, so was! „Na, das wird sie bald bereuen“, dachte ich mir und warf Mark einen verstohlenen Blick zu.

Tante Clara hatte eine zweistöckige Sahnetorte gebacken, die nach Staub und saurer Milch schmeckte. Als wir fertig gegessen hatten, mussten wir uns unsere Geschenke ansehen. Ich bekam ein Kleid mit Rüschen. Marks Geschenk war ein Feuerwehrauto, obwohl er schon 14 ist. Jetzt durften wir uns selbst beschäftigen, aber sogleich sagte die Tante: „O Gottchen, passt bloß auf meine Vasen auf!“ Mark und ich blinzelten uns zu und sagten: „Aber natürlich!“

Nachdem die Erwachsenen im Wohnzimmer verschwunden waren, holte ich den Kassettenrekorder aus dem Auto. Wir tapsten leise durch die Diele. Dann begannen wir laut zu schreien und stampften mit den Füßen auf den Boden. Auf Marks Zeichen hin schaltete ich das Gerät ein. Vorher hatte ich die Lautstärke bis zum Anschlag aufgedreht. Ein ohrenbetäubendes Klirren ertönte. Wir waren nun ganz still. Plötzlich stand Tante Clara wie ein Racheengel in der Tür: „Meine Vasen, meine schönen, wertvollen Vasen!“, kreischte sie. Nun kamen auch Mutter und Vater herbeigestürzt, um uns gehörig zu schimpfen. Vater drohte schon mit Fernsehverbot und Taschengeldentzug, da stoppte er auf einmal in seinem Redeschwall und schaute sich verblüfft um. „Sag mal, Clara, welche Vasen sind denn nun kaputt? Ich sehe keine Scherben!“ Da bemerkten die Erwachsenen, dass in Wirklichkeit gar nichts zerbrochen war. Und unsere Mutter trat einen Schritt vor und fragte: „Was macht eigentlich der alte Kassettenrekorder hier?“ Sie drückte auf den Startknopf und schon ertönte wieder dieses schreckliche Klirren. Jetzt hatte auch Tante Clara verstanden, was los war, und verließ beleidigt den Raum.

Aber das störte uns nicht. Wir genossen den Erfolg dieses Streichs und redeten noch lange davon. Leider planen die Eltern, auch im nächsten Jahr wieder zu Tante Clara zu fahren. Mal sehen, was wir uns dann für sie ausdenken werden.

Die Verfasserin des Aufsatzbeispiels ist eine Könnerin. Das sieht man daran, dass sie es schafft, eine raffinierte und sinnvolle Geschichte, die sich über mehrere Tage erstreckt, aufzubauen. Dabei erhält sie den Spannungsbogen aufrecht. Trotz ihres komplizierten Aufbaus bleibt die Geschichte immer logisch. Die Vorbereitungen zu Hause, Anfahrt, Planung und Durchführung des Streichs sind auch sprachlich gut miteinander verbunden.

26 **Führe den folgenden Erzählanfang fort und erfinde eine passende Überschrift.**

Es war einer dieser grauen Apriltage, an denen es gar nicht richtig hell zu werden scheint. Der Boden war noch aufgeweicht von den Regenfällen der letzten Tage. Jetzt, am späten Nachmittag, lag Nebel über dem Fluss. Ausgerechnet an diesem Tag hatte sich Conny mit ihrem besten Freund Sebastian verabredet, um das geheimnisvolle Spukhaus auszukundschaften. ...

Tipp Themen, die sich mit Spukhäusern beschäftigen, sind riskant. Allzu leicht verfällt man auf Geschichten, die starke Ähnlichkeit mit Gruselfilmen und klassischer Kriminalliteratur haben. Denke also daran, möglichst eine eigene Geschichte zu entwickeln und bekannte Vorbilder nicht zu stark „abzukupfern".

Beispiel

Der Hund von Blackwood Castle

Es war einer dieser grauen Novembertage, an denen man entweder Monopoly spielt oder Tee trinkt. Aber Conny und ihr Freund Sebastian waren da anders. Die beiden liebten Gruselgeschichten.

Conny strich sich die lockigen Haare aus dem Gesicht. „Okay, Basti, du bist zu feige. Ich wusste es!", stichelte sie. „Ach, komm schon, du glaubst doch nicht wirklich, dass es dort oben spukt", entgegnete der Junge. Conny kochte fast über vor Wut. „Das hat noch keiner bewiesen!" Dickköpfigkeit war Connys stärkste Eigenschaft. Sie wollte zusammen mit Sebastian das alte Herrenhaus erkunden, das mitten im Wald stand. Daher der Name des Hauses: Blackwood Castle. Connys Großmutter hatte, als sie noch jung war, in diesem Haus gearbeitet. Doch sie war fortgelaufen, weil dort unheimliche Dinge passierten. Kerzen flammten auf, einfach so. Dinge fielen hinunter, aber das Schlimmste war dieses Bellen, das Bellen eines Hundes, eines Höllenhundes. Ein riesiger schwarzer Hund, dem der giftige Geifer von den Lefzen tropfte. Niemand hatte ihn bis jetzt wirklich gesehen. Er kam nur bei Vollmond und stieg angeblich direkt aus der Hölle herauf. So sagte es zumindest die Legende. Conny wollte unbedingt zu diesem Haus. Aber Sebastian wollte nicht. „Basti, ich mache das nicht mehr lange mit. Wir haben gesagt, dass wir zusammen durch dick und dünn gehen!" – „Also schön, fahren wir." Conny grinste zufrieden.

Wenig später stiegen die beiden auf ihre Räder. Sie fuhren in den Wald. „Kennst du überhaupt den Weg?“, fragte Basti ängstlich. „Na klar, man findet ihn leicht, wenn man den Blutspuren an den Bäumen folgt!“, witzelte Conny.

Sie brauchten nicht lange zu fahren. Bald tat sich eine Lichtung auf, und im Schein des Vollmonds konnte man das Haus erkennen. „Da ist es“, hauchte Conny, „Blackwood Castle!“ Sie stieg vom Rad und schlich auf das Haus zu. Sebastian folgte ihr. Vor der riesigen Freitreppe machten sie Halt. Das Haus war dunkel und still, totenstill. Langsam drückte Conny die Türklinke. Vor Schreck bekam sie einen Adrenalinstoß. Das Blut in ihren Adern kochte, dann erstarrte es zu Eis. „He, es ist gar nicht abgeschlossen!“ Die beiden Kinder traten ein. Tausende von toten Augen starrten sie an. Viele Jagdtrophäen hingen an den Wänden. Vom Reh über Bären bis hin zu einem Löwen. Conny drehte sich der Magen um, denn sie war seit zwei Jahren Vegetarierin und absolute Tierschützerin. „Ahuhuhuhu!“, ein klagender Schrei durchschnitt die Stille. Panisch krallte Conny sich an Sebastians Pullover fest. „Da ist er, der Hund von Blackwood Castle!“ Conny spürte, wie es ihr kalt über den Rücken lief. In ihrer Fantasiesah sie einen großen Dobermann mit blutroten Augen und langen weißen Zähnen. „Hörst du?“, fragte Sebastian. „Was?“ – „Na, das Brodeln!“ Jetzt hörte Conny es auch. Dieses ferne Brodeln. Sie schlichen auf eine mit Eisen beschlagene Tür zu. Conny horchte. „Das Brodeln kommt von da unten!“ Leise öffnete sie die Tür. Eine Steintreppe lag vor ihnen. Sebastian und seine Freundin knipsten die mitgebrachten Taschenlampen an. Noch einmal sahen sie sich prüfend in die Augen. „Ich gehe als Erste!“, flüsterte Conny und ging nach unten. „Schön langsam, die Stufen sind glitschig.“ – „Vater unser im Himmel“, murmelte Basti hinter ihr. Was erwartete er? Den Tod?

Am unteren Ende der Treppe war eine Tür mit einem aufgemalten roten Kreuz. „Was jetzt?“, hauchte Conny. Doch dann drückte sie die Klinke herunter. Etwas Weißes flog ihr entgegen. „Vorsicht, Basti!“ Gerade noch konnten die beiden Freunde dem Skelett ausweichen, das auf der Treppe zerschellte. Im Raum standen Reagenzgläser mit brodelnden Flüssigkeiten. Ein geheimes Labor! Ein alter Ohrensessel stand in der Ecke. Wieder dieses Heulen: „Ahuuuuu!“ Ein Gesicht sah aus dem Sessel. Es war das Gesicht eines alten Mannes. Langsam stand der Alte auf. Stöhnend und auf einen Stock gestützt kam er auf die Kinder zu. Ängstlich versteckte sich Conny hinter Sebastian. „Hallo Freunde, ich bekomme nicht oft Besuch.“ Conny war einer Ohnmacht nahe. „Gu-gu-guten Abend! Ich bin Conny. Das ist mein Freund Sebastian.“ – „Freut mich!“, antwortete der Alte. „Gestatten, Frederik von Eichen. Ich wohne hier seit meiner Geburt.“ – „Ja, ich weiß. Meine Großmutter hat bei Ihnen gearbeitet. Rosa

Kick." – „Ach, das Mädchen, das weggelaufen ist!" – „Genau, wegen dem Geist!", erklärte Conny. „Geist? Welcher Geist? Hier gibt es keine Geister!", wunderte sich Frederik. „Na, der Hund von Blackwood Castle!" – „Meint ihr Egon? Egon, bei Fuß!" Und was kam da hinter dem Ohrensessel hervorgewackelt? Ein winziger Yorkshireterrier.

Auf den ersten Blick wirkt die Geschichte äußerst gelungen und spannend. Aber du hast sicher mindestens ein literarisches Vorbild erkannt, von dem in diesem Aufsatz „abgekupfert" wurde. Ist dir auch aufgefallen, dass die Verfasserin den vorgegebenen Erzählanfang so geändert hat, dass er zu ihrer Geschichte passt? Das ist ein grober Fehler, denn der Text darf nicht verändert werden. Es muss umgekehrt sein: Die eigene Fortsetzung muss zum Anfang passen.

An vielen Stellen hat die Verfasserin maßlos übertrieben und sprachliche Mittel aufgehäuft, die einzeln sinnvoller eingesetzt werden können. In dieser Häufung wirken sie jedoch lächerlich. Beispiele: *das Bellen eines Hundes, eines Höllenhundes. Ein riesiger schwarzer Hund, dem der giftige Geifer von den Lefzen tropfte. – Er kam nur bei Vollmond und stieg angeblich direkt aus der Hölle herauf.*

Hinführung auf einen Erzählschluss

- Eine ähnliche Form wie die Weiterführung eines Erzählanfangs stellt das Erfinden einer Geschichte zu einem vorgegebenen Schluss dar.
- Der letzte Satz deiner Erzählung muss logisch zum ersten Satz des vorgegebenen Erzählschlusses passen.
- Du darfst die Textvorlage nicht verändern.
- Alle Informationen zu Personen, Ort, Zeit und Situation, die im Schluss vorkommen, musst du vorher in der Geschichte erwähnen.
- Überlege genau, wo du den Höhepunkt platzierst. Setze ihn nicht zu weit vom Schluss entfernt an.
- Achte darauf, ob ein Ich- oder Er-/Sie-Erzähler gefordert ist.

Vorsicht, Falle!

Die sechs häufigsten Fehler, die bei der Hinführung auf einen Erzählschluss gemacht werden, sind:

- Anfang und Verlauf der Geschichte passen logisch nicht zum vorgegebenen Schluss.
- Der Text des vorgegebenen Schlusses wird verändert und auf die eigene Geschichte hingebogen.
- Die Erzählperspektive (Ich- oder Er-/Sie-Erzähler) wird nicht berücksichtigt. Teilweise werden beide Perspektiven miteinander vermischt.
- Gedanken, Gefühle und wörtliche Reden fehlen.
- Die Regeln zur Erzählung (siehe Seite 8ff.) werden teilweise nicht eingehalten.
- Die Sätze sehen alle gleich aus, weil Wortwahl und Satzbau sich sehr ähneln. Durch abwechslungsreiche Adjektive und Verben sowie durch Variationen beim Satzbau kannst du diese Falle vermeiden.

27 **Verfasse zu dem folgenden Erzählschluss eine passende Geschichte mit eigener Überschrift.**

Nachdem meine Mutter die größte Unordnung beseitigt hatte, seufzte sie: „Nächstes Jahr lassen wir Onkel Otto aber nicht mehr den Nikolaus spielen."

Tipp Die Geschichte spielt offensichtlich am Nikolausabend und muss eine kleine „Katastrophe" beinhalten. Was du dir ausdenkst, sollte nicht nur sinnvoll in den Erzählschluss münden, sondern auch die gleiche Sprache haben.

Beispiel

Wenn der Nikolaus kommt

Es klopfte an der Tür. „Das ist der Nikolaus!", jubelte meine kleine Schwester Nina. Die Familie war im Wohnzimmer versammelt und wartete auf den Weihnachtsmann. Endlich war er da.

„Herein!", rief meine Mutter fröhlich. Ein großer Mann im roten Mantel und mit langem, weißem Bart stapfte ins Wohnzimmer. „Hallo, liebe Kinder!", sagte er dröhnend und setzte seinen riesigen Sack ab. Meine Schwester fragte auch gleich: „Hast du mir etwas mitgebracht?" – „Natürlich, die Rute", meinte er scherzhaft. Das versetzte Nina allerdings so in Angst, dass sie unter den Tisch flüchtete.

Der Nikolaus ging einen Schritt auf sie zu. „Das war doch gar nicht ernst gem… Hoppla!" Er war über das Telefonkabel gestolpert und hatte unser neues Telefon vom Schrank gerissen. „Das, äh, tut mir wirklich sehr Leid", murmelte er und bückte sich, um es aufzuheben. Dabei rutschte ihm die Mütze vom Kopf und Onkel Ottos braune Haare wurden sichtbar. Schnell richtete er sich auf, um die Mütze aufzusetzen. Dabei riss er auch noch die Vase mit dem Weihnachtsstrauß vom Wandschrank. Es klirrte laut und Wasser floss über den Teppich. Die bunt geschmückten Tannenzweige waren über das ganze Zimmer verstreut. „Ei, ei, ei", sagte der Nikolaus nur dazu. Wir saßen da wie erstarrt. Dann brach meine Mutter in Tränen aus. Mein Vater versuchte sie zu trösten und ich zog meine Schwester unter dem Tisch hervor. In all dem Chaos stand der Nikolaus mit dem weißen Bart und den braunen Haaren, legte die Geschenke auf den Tisch und bemerkte kleinlaut: „Ich gehe jetzt wohl besser."

Mein Vater brachte Nina zu Bett. Ich blickte ratlos auf die Verwüstung. Nachdem meine Mutter die größte Unordnung beseitigt hatte, seufzte sie: „Nächstes Jahr lassen wir Onkel Otto aber nicht mehr den Nikolaus spielen."

Hast du dich auch über diesen Aufsatz amüsiert? Woran liegt das? Die Verfasserin zielt auf die Schadenfreude des Lesers ab. Pass aber auf, dass du beim eigenen Schreiben nicht völlig übertreibst. Gerade dieses Beispielthema birgt die Gefahr in sich, mehr Katastrophen einzubauen als nötig.

28 **Verfasse zum folgenden Erzählschluss eine passende Geschichte. Verwende szenisches Präsens und überlege genau, aus wessen Sicht erzählt wird. Finde außerdem eine treffende Überschrift.**

„Was hast du nur wieder angestellt? Deine Hose ist ja völlig zerrissen!", schimpfte Frau Kröger, als Tonio nach Hause kam. „Na, das ist eine lange Geschichte. Die erzähle ich dir, sobald ich mich von dem Schrecken erholt habe."

Tipp Bei diesem Thema ist durch den Schluss ein Er-/Sie-Erzähler vorgegeben. – Infos zum szenischen Präsens kannst du auf Seite 20 und 45 nachlesen.

Beispiel

Schnitzeljagd mit Folgen

Letzte Woche war Tonio zu Gregors Geburtstagsfeier eingeladen. Wie immer veranstalteten sie zum Schluss eine Schnitzeljagd. Tonio war in der Gruppe der Füchse, die sich verstecken und die Schnitzel streuen musste.

„Los, zum Spielplatz!", flüsterte Tonio. Sie rannten den Berg hinauf, um die Kurve herum und versteckten sich hinter den Bäumen bei der Schaukel. „Ja, ich höre die Jäger den Berg heraufkommen", sagte Jakob leise. „Stimmt, ich höre sie auch", meinte Olaf, „alle Mann über den Jägerzaun dort hinten." Die kleine Gruppe schlich zum Zaun. „Halt, stopp!", schrie Gregor, der bei den Jägern war. „Ihr müsst uns erst fangen!", rief Tonio zurück. Einer nach dem anderen nahmen die Füchse Anlauf und sprangen über den Zaun; erst Olaf, Jakob, Michael und zum Schluss Tonio.

Doch plötzlich macht es „ratsch!". Tonio braucht eine Weile, bis er begreift, was passiert ist. Er hängt mit seiner teuren neuen Skaterhose am Jägerzaun fest. Seine Füße berühren zwar den Boden, aber er kann nicht los, ohne ein noch größeres Loch in die Hose zu reißen. „Hilfe, Hilfe!", ruft er laut und denkt gleichzeitig an den Ärger, der zu Hause auf ihn wartet. Da nähern sich schon die Jäger. Als sie Tonio, der den Tränen nahe ist, am Zaum hängen sehen, prusten sie laut los. „Lacht nicht so blöd! Helft mir lieber da herunter!"

Gregor und Simon hoben ihn vorsichtig vom Zaun und sagten beide gleichzeitig: „Oh je, die Hose ist hin!" Inzwischen waren alle um Tonio versammelt. „Für mich ist die Jagd wohl zu Ende", murmelte er. „Wir begleiten dich noch ein Stück, dann ist es nicht so schlimm", schlug Gregor vor. „Das muss ich allein durchstehen", entgegnete Tonio und machte sich auf den Heimweg.

„Was hast du nur wieder angestellt? Deine Hose ist ja völlig zerrissen!", schimpfte Frau Kröger, als Tonio nach Hause kam. „Na, das ist eine lange Geschichte. Die erzähle ich dir, sobald ich mich von dem Schrecken erholt habe."

Die Schwierigkeit bei diesem Thema besteht darin, dass du sehr viele Möglichkeiten hast, auf den Erzählschluss hinzuarbeiten. Trotzdem musst du dich für einen Handlungsstrang entscheiden und dabei bleiben. In unserem Aufsatzbeispiel wäre es völlig übertrieben und eine unnötige Abschweifung gewesen, zusätzlich einen wütenden Hund oder einen gefährlichen Stier einzubauen. Die Verfasserin hat den Handlungsstrang der Schnitzeljagd gewählt und eine gut lesbare, flott formulierte Geschichte geschrieben.

29 **Schreibe zum folgenden Erzählschluss eine spannende Geschichte. Achte auf einen gelungenen Übergang von deinem Text zum vorgegebenen Schluss.**

In diesem Augenblick hörte ich die Stimme meiner Mutter: „Da bist du ja! Wir haben dich schon überall gesucht!" Erleichtert blickte ich auf meine Eltern. Da fiel mir der unheimliche Mann wieder ein und angstvoll deutete ich in seine Richtung. Aber mein Vater konnte mich beruhigen. „Das ist doch nur eine Vogelscheuche." In der Dämmerung trat ich mit meinen Eltern den Heimweg an.

Tipp Bei diesem Thema ist die Falle leicht zu erkennen. Die Stichworte *unheimlicher Mann* und *Vogelscheuche* dürfen dich nicht dazu verleiten, eine übertriebene und unglaubwürdige Gefahr zu beschreiben.

Beispiel

Der unheimliche Abendspaziergang

„Markus, beeil dich!", rief meine Mutter von unten. „Ich komme ja schon", sagte ich und lief die Treppe hinunter. Es war wieder Sonntagabend und wir mussten spazieren gehen. „Wie langweilig!", dachte ich und zog meine Stiefel an. Dann gingen wir los.

Als wir aus dem Dorf kamen, trafen wir auf unsere Nachbarin. „Oh Gott", jammerte ich leise, „jetzt dauert der Spaziergang sicher noch länger." Unsere Nachbarin konnte reden wie ein Wasserfall. Meine Eltern waren bereits mit ihr ins Gespräch vertieft, als ich sie unterbrach und fragte: „Darf ich schon mal vorgehen?" – „Ja, ja, geh schon. Wir kommen dann nach", antwortete meine Mutter. Das ließ ich mir nicht zweimal sagen und ging los.

Bald war ich am Waldrand. Es war unheimlich, so ganz allein dort entlangzuspazieren. Plötzlich hörte ich ein seltsames Geräusch hinter mir. Ich drehte mich um, konnte aber nichts sehen. Der Vollmond schien, dicke Nebelschwaden schwebten über dem Boden und langsam fing es zu dämmern an. Es war so richtig zum Gruseln. Auf einmal sah ich in der Ferne eine unheimliche Gestalt. Ich hatte Angst und wurde ganz blass im Gesicht. Mein Herz schlug schneller. Ich blieb wie angewurzelt stehen. Was wäre, wenn er mich umbringen würde? Zum Umkehren in Richtung meiner Eltern war es zu spät. Ich war schon zu weit von ihnen entfernt. Also blieben mir zwei Möglichkeiten: Entweder ich blieb stehen und wartete, was passierte, oder ich rannte in den Wald. Ohne zu zögern entschied ich mich für die zweite Lösung. Ich drehte mich um und rannte los, immer tiefer und tiefer in den Wald hinein, bis ich nicht mehr wusste, wo ich war. Hier war alles noch viel unheimlicher und ich fing an zu weinen. „Was soll ich jetzt nur tun?", dachte ich. Traurig setzte ich mich auf den Boden. Vielleicht suchten meine Eltern nach mir. Da hörte ich auf einmal die Stimme meines Vaters: „Markus, wo bist du?" Das war meine Rettung! Ich lief los, immer in Richtung der Stimme. Und da stand ich auch schon am Waldrand.

In diesem Augenblick hörte ich die Stimme meiner Mutter: „Da bist du ja! Wir haben dich schon überall gesucht!" Erleichtert blickte ich auf meine Eltern. Da fiel mir der unheimliche Mann wieder ein und angstvoll deutete ich in seine Richtung. Aber mein Vater konnte mich beruhigen. „Das ist doch nur eine Vogelscheuche." In der Dämmerung trat ich mit meinen Eltern den Heimweg an.

Die Verfasserin des Aufsatzbeispiels wollte es besonders gut machen. Deshalb lässt sie gleichzeitig den Vollmond scheinen, Nebelschwaden aufziehen und die Dämmerung hereinbrechen. Das erzielt aber keinen Gruseleffekt, sondern Gelächter beim Leser.

30 **Rette die Geschichte, indem du die folgende Textpassage so umschreibst, dass sie stimmig ist:**

Plötzlich hörte ich ein seltsames Geräusch hinter mir. Ich drehte mich um, konnte aber nichts sehen. Der Vollmond schien, dicke Nebelschwaden schwebten über dem Boden und langsam fing es zu dämmern an. Es war so richtig zum Gruseln. Auf einmal sah ich in der Ferne eine unheimliche Gestalt. Ich hatte Angst und wurde ganz blass im Gesicht. Mein Herz schlug schneller. Ich blieb wie angewurzelt stehen. Was wäre, wenn er mich umbringen würde? Zum Umkehren in Richtung meiner Eltern war es zu spät. Ich war schon zu weit von ihnen entfernt.

Lösungsvorschlag:
Du wirst gemerkt haben, dass es ganz einfach ist: Du lässt den Vollmond weg und beschreibst die gruselige Stimmung etwas anders.
Ein weiterer Fehler besteht darin, dass Markus in den dunklen Wald läuft, obwohl er Angst hat und daher wohl kaum dorthin flüchten würde. Auch seine Eltern tauchen plötzlich und unbegründet wieder auf. Das alles ist nicht sehr logisch und macht diese Teile der Geschichte unglaubwürdig.

Fantasiegeschichte

- Bei der Fantasiegeschichte/Fantasieerzählung verlässt du die Wirklichkeit und begibst dich ganz in eine erdachte Welt. Trotzdem gelten dabei die Regeln für Aufbau, Sprache und Gestaltung einer Erlebniserzählung (siehe Seite 8ff.).
- Ein Erzählschritt ergibt sich logisch aus dem anderen. Erzähle also folgerichtig und führe alle Handlungen zu Ende.
- Alle fantastischen Elemente müssen einen Zweck erfüllen und alle fantastischen Personen sollen eine Bedeutung haben.

Vorsicht, Falle!

Die sechs häufigsten Fehler, die bei der Fantasiegeschichte gemacht werden, sind:

- Viele Schüler vergessen, dass Fantasiegeschichten einen realistischen Rahmen durch Einleitung und Schluss brauchen. Die Geschichte sollte in der Wirklichkeit beginnen und enden.
- Manche meinen: Je mehr Fantasie, desto besser – und erzählen im Aufsatz über viele fantastische Ereignisse. Denk daran: Es darf nur ein fantastisches Erlebnis erzählt werden.
- Es macht keinen Sinn, Figuren auftreten zu lassen, die für die eigentliche Handlung ohne Bedeutung sind.
- Fantastische Ereignisse als äußere Handlung bedeuten nicht automatisch eine spannende Geschichte. Oft fehlen Spannungsbogen und Höhepunkt, Gefühle, innere Vorgänge und wörtliche Rede.
- Lass deine eigene Fantasie spielen – und imitiere in deinem Aufsatz nicht die Handlungen und Ereignisse aus Kinofilmen oder Fernsehserien.
- Die Sätze sehen alle gleich aus, weil Wortwahl und Satzbau sich sehr ähnlich sind. Durch abwechslungsreiche Adjektive und Verben sowie durch Variationen beim Satzbau kannst du diese Falle vermeiden.

Eine alte Ritterrüstung erzählt

31 **Schreibe zu diesem Thema eine fantasievolle Erzählung. Die Überschrift darfst du übernehmen.**

Beispiel 1

Eine alte Ritterrüstung erzählt

Es war Donnerstagnachmittag, und ich ging mit meinem Opa ins Museum. Im ersten Raum standen alte Ritterrüstungen. Bei einer besonders alten blieben wir stehen.

Ich starrte die Ritterrüstung an. Irgendetwas war merkwürdig. Da! Plötzlich begann sie einen Fuß zu heben und hinkte knarzend und krachend zu einem Stuhl. Ächzend ließ sie sich darauf fallen. „Uff", stöhnte die Rüstung. Tatsächlich, sie öffnete ihr Visier und krächzte: „Habe ich mich eigentlich schon vorgestellt? Ich bin der Ritter Grummelzahn." Ritter Grummelzahn machte eine Bewegung, die so aussah, als wolle er sich über seinen Bart streichen. „Ich erzähle dir nun eine Geschichte. Sie handelt von einer Schlacht." Ich begann zu zittern. Aber er fuhr fort: „Wir", dabei deutete er auf sich und die anderen Ritterrüstungen, „wir kämpften gegen die Ritter von der Teufelsburg." Er drehte sich zu den anderen Ritterrüstungen um, die sich verbeugten und dabei quietschten. „Ich bin übrigens der Anführer. Wir sind die Ritter von der Totenburg", sagte er mit stolzgeschwellter Brust. „Ich will also nun die Geschichte beginnen. Wir versammelten uns auf dem Kampfplatz. Die Auseinandersetzung begann. Ich hackte gleich einmal einem Gegner den Kopf ab. Ich glaube, es war Ritter Gruselmix. Er fiel sofort tot um. Soll ich dir einmal vormachen, wie das geht?", fragte er mich mit drohender Stimme. Er kam mit gezücktem Schwert auf mich zu. Immer näher kam er. „Mir entkommst du nicht!", fauchte er. Als er mit dem Schwert ausholte, begann ich zu schreien. „Hilfe, er will mich töten! Hilfe!", brüllte ich, so laut ich konnte.

Ich drehte mich um und wollte weglaufen. Da stieß ich gegen etwas Weiches. Es war der Bauch meines Opas. „Da, der Ritter!", japste ich. Aber Opa lachte nur und sagte: „Hast du wieder mit offenen Augen geträumt?"

☺ ☺ ☺

Diese Geschichte liest sich insgesamt sehr gut. Auffällig sind vor allem die lautmalerischen Ausdrücke *knarzend, krachend, ächzend, krächzte* oder *quietschte.* Schön sind die Formulierungen *über seinen Bart streichen, mit Säbeln und Schwertern* und *mit gezücktem Schwert*.

Die Regeln für die Fantasiegeschichte wurden richtig umgesetzt: Einstieg in die Fantasiewelt am Anfang des Hauptteils sowie Rückkehr in die Wirklichkeit am Schluss; alle fantastischen Handlungen und Gestalten haben eine Funktion.

Lies zum Vergleich nun das folgende Beispiel, das nicht so gut gelungen ist.

Beispiel 2

Eine alte Ritterrüstung erzählt

An einem schönen, sonnigen Herbsttag gingen meine Eltern mit mir und meiner Freundin Esther in ein Museum.

In einem hellen, freundlichen Raum betrachteten wir gerade alte Rittergewänder, als mir eine schöne Rüstung in der hintersten Ecke auffiel. Sie war groß und hatte schöne Verzierungen. Meine Eltern und Esther gingen schon weiter in den nächsten Raum. Ich wollte die Ritterrüstung genauer betrachten, trat näher und blies ihr den Staub vom Helm. Doch plötzlich nieste sie. Erschrocken zuckte ich zurück. Dann schaute ich genauer. Nichts. Als ich aufgeben und den Raum verlassen wollte, seufzte die Ritterrüstung. „Huhu, wer hat mich geweckt?" Ich stand wie angewurzelt da und wagte kaum zu atmen. Nach einer Weile sagte ich, immer noch erschrocken: „Ich, aber, aber, ich wollte es nicht!"

„Schon gut!", beruhigte sie mich, „es tut mir gut, wieder einmal wach zu sein. Aber sage: Wer bist du?" Ich antwortete: „Die Frage ist doch: Wer bist du?" – „Ich bin das Museumsgespenst. Ich wohne hier." – „In dieser Ritterrüstung?" – „Nein, überall im Museum", bekam ich zur Antwort und dann sang es mir ein Lied vor, von dem ich nur verstehen konnte, dass es seit 372 Jahren hier lebte und sein Name Balduin war. Es tanzte dabei wild hin und her. Ich tanzte mit. Nach einiger Zeit verbeugte es sich und fragte: „Wie heißt Ihr, holde Maid?" – „Steffi", antwortete ich. – „So, so", sagte das Gespenst in der Ritterrüstung. „Ich bin der Geist des verstorbenen Balduin von Schreckenstein und muss so lange herumspuken, bis ich jemanden finde, der eine Nacht lang mit mir spielt ▶▶

und mein Freund wird." Balduin sah mich flehentlich an. Ich sagte mitleidig: „Ich könnte dich erlösen. Wir wohnen ganz in der Nähe." Balduin war überglücklich und lachte so herzhaft, wie noch nie jemand gelacht hatte.

Doch plötzlich verstummte er, denn Esther war in den Raum zurückgekehrt, um mich zu holen. Ich stupste die Ritterrüstung noch einmal an, doch nichts rührte sich. Schade eigentlich.

32 **Diese Geschichte ist sehr gut formuliert. Aber sie hat eine Schwäche: Ein Teil fehlt. Welcher ist das?**

Lösungsvorschlag:
Die Geschichte baut beim Leser eine Erwartungshaltung auf, die nicht erfüllt wird. Man möchte, dass nach dem langen Gespräch zwischen Ritterrüstung und Ich-Erzählerin etwas geschieht, das das Gespenst von seinem Schicksal erlöst. Genau das passiert aber nicht. Die Spannung wird aufgebaut, aber nicht aufgelöst: Der Höhepunkt fehlt.

Invasion von grünen Marsmännchen in unserer Schule

33 **Denke dir zu diesem Thema eine witzige Fantasiegeschichte mit eigener Überschrift aus.**

Beispiel 1

Attacke!

An einem trüben, nassen Mittwochmorgen saß ich noch halb schlafend in meiner Schulbank. Wir hatten gerade Englischunterricht bei Frau Rottendorf, als uns plötzlich ein schriller, entsetzlich lauter Ton von den Stühlen riss.

Ich hielt mir die Ohren zu, denn dieses fremdartige Geräusch war so laut und hell, dass ich meinte, mein Trommelfell würde zerplatzen. Ich schaute aus dem Fenster und zuckte zusammen, denn der Anblick, der sich mir bot, war außergewöhnlich. Auf dem Schulhof landete direkt vor unserem Fenster ein überdimensionaler Marsriegel. Jetzt hatten auch die anderen Schüler das Ufo entdeckt. Manche rannten schreiend aus dem Klassenzimmer, andere versteckten sich zitternd unter ihren Bänken. Ich schaute vorsichtig aus dem Fenster, denn der grelle, stechende Ton hatte plötzlich aufgehört. Ich traute meinen Augen nicht: Jetzt flogen viele grüne Männchen mit schwarzen Antennen als Fühler und leuchtend roten Augen auf kleinen Marsriegeln aus dem Ufo. Sie steuerten auf das Sekretariat zu und zerbrachen dort die Fensterscheiben. Kurz darauf hörte man einen lauten Schrei. Kein Zweifel, das musste unser Schulleiter, Herr Lausmann, gewesen sein. Was würde noch alles passieren? Da kam auch schon Herr Lausmann, der auf einen Marsriegel gefesselt war, durch das Fenster aus dem Sekretariat geflogen. Die grünen Männchen verstauten ihn in ihrem Ufo und flogen danach auf unser Klassenzimmer zu. Ich wollte schnell unter meine Schulbank kriechen, doch – zu spät. Ich hörte eines der grünen Männchen sagen: „Hey, nehmen wir den da, der schaut gut aus!" Dann packten mich viele grüne Händchen. Ich schrie auf: „Ich will nicht!" Doch die grünen Händchen zerrten erbarmungslos an mir herum.

Dann hörte ich von fern die Stimme von Frau Rottendorf: „Na, Sebastian, wie heißt denn nun dieser Satz in der to-do-Umschreibung?" Ich hatte zwar keine Ahnung, welchen Satz sie meinte, aber ich grinste sie an und sagte: „Noch mal Schwein gehabt!" Meine Mitschüler schauten mich ziemlich verwundert an, aber ich konnte ihnen doch nicht erzählen, dass Frau Rottendorf gerade Herrn Lausmann und mich vor dem sicheren Tod gerettet hatte.

Sicher ist dir sofort aufgefallen, dass die Verfasserin von Beispiel 1 ganz geschickt mit der Doppelbedeutung des Wortes *Mars* spielt. Nicht nur deswegen ist diese Geschichte so witzig: Der Leser kann sich gut vorstellen, wie die Englischlehrerin Sebastian aus seinen Träumen reißt.

Lies zum Vergleich das folgende Beispiel 2 zu diesem Thema und achte auf die Unterschiede.

Beispiel 2

Besuch von einem fremden Planeten

Es war Montag. In der ersten Schulstunde hatten wir Deutsch. „So", sagte der Lehrer, „wie ihr wisst, schreiben wir heute als Klassenarbeit eine Fantasieerzählung." Er legte jedem von uns ein Blatt auf den Tisch, auf dem folgendes Thema stand: „Inversion von grünen Marsmännchen".

Ich fand einen dicken Fehler auf dem Blatt. Unser Lehrer hatte wohl „Invasion" gemeint. Typisch! Ich fing an zu schreiben: „Ich sah ein grünes …" Weiter kam ich nicht, denn ich hörte, dass jemand meinen Namen rief. Ich blickte auf, aber alle waren stumm in ihre Arbeit vertieft. „Hey, ich bin auf deinem Blatt!", rief die Stimme. Sofort schaute ich nach unten und sah einen kleinen grünen Fleck, der immer größer wurde. Eine grüne Gestalt erhob sich. Sie war so groß wie mein Daumen. Leise und ängstlich stotterte ich: „Wer, wer bist du?" – „Ich bin ein grünes Männchen vom Mars", plapperte die Gestalt so schnell, dass ich es kaum verstand. „Ich bin gekommen, weil ich gemerkt habe, dass du mich brauchst", sagte sie schnell. „Pass auf, wie wäre es, wenn ich dich auf den Mars mitnehmen würde?"

Ohne meine Antwort abzuwarten, murmelte das Männchen ein paar Worte – und plötzlich stand ich auf einer grünen Wiese. Eigentlich war alles grün. Überall, wo man hinsah, grün, nichts als grün. Ich schloss meine Augen, da ich das grelle Grün kaum ertragen konnte. In diesem Augenblick fiel ich irgendwo hinunter. Es tat weh. Ich machte meine Augen wieder auf. Ich lag in meinem Bett. Nein, ich lag neben dem Bett. Da wusste ich, was so schmerzte. Ich war aus dem Bett gefallen. Das mit dem Männchen vom Mars war also nur ein Traum.

Die Hauptperson der Geschichte findet zwar einen dicken Fehler auf dem Blatt des Lehrers, die Verfasserin des Aufsatzbeispiels macht aber selbst deutliche Fehler. Sie weiß offensichtlich auch nicht, was eine Invasion ist. Stattdessen erfindet sie nur ein einziges grünes Männchen, das einem Kobold ähnelt, der ihr – bei der Klassenarbeit? – helfen will. Danach wird sie in ein grünes Land entführt, das keine weitere Bedeutung hat. Der Schluss der Geschichte ist langweilig. Viele Fantasiegeschichten enden mit dem unsanften Erwachen neben dem Bett – das ist nicht besonders originell.

Maus bei Müllers

34 **Verfasse eine Fantasiegeschichte, in der du aus der Sicht der Maus schreibst. Überlege genau, wie du in die Fantasiewelt einsteigst und wieder in die Wirklichkeit zurückkehrst.**

Beispiel

Cora Killerkatze

„Willst du nicht doch etwas essen?", fragte mich meine Mutter besorgt. „Du siehst blass aus. Ist dir schlecht?" Ich nickte nur. Ja, schlecht war mir wirklich, nach all dem, was ich in der letzten Nacht erlebt hatte.

Es war etwa 20 Uhr, als ich ins Bett ging. Meine Katze Cora schlich in mein Zimmer, wo auch ihr Schlafplatz ist. Ich las noch, bis ich müde wurde und das Licht ausschaltete. Aber ich konnte nicht einschlafen. Da es Wochenende war, waren meine Eltern ins Theater gegangen und wollten erst spät nach Hause kommen. Also überlegte ich mir, ob ich nicht aufstehen und etwas fernsehen sollte.

Zusammen mit Cora machte ich es mir auf der Couch im Wohnzimmer bequem und schaltete erst einmal durch alle Kanäle. Nachdem ich mir auf Viva die Top 100 angesehen hatte, wechselte ich auf Kanal 5, wo „Merlins Magic Hypnose-Show" lief. Auf dem Bildschirm war ein alter Mann mit langem Bart und Zauberstab zu sehen. Das musste Merlin sein. Er lächelte und führte etliche Zauberkunststücke vor, manche zum Lachen, manche zum Staunen. Doch plötzlich wurde es ganz ruhig und Merlin flüsterte geheimnisvoll: „Jetzt rate ich jedem, der Katzen besitzt, sie vor die Tür zu setzen, da ich sie, liebe Zuschauer, in Mäuse verwandeln werde. Nach zwei Stunden ist der Zauber vorbei, aber bis dahin …"

Ich lachte. Der Mann machte coole Witze. Zwar hielt ich nichts von Zauberei, insgeheim interessierte es mich aber doch. Also machte ich mit. Man sollte sich auf alle Viere begeben, die Augen nur auf Merlin richten und sich auf seine Stimme konzentrieren. „Nichts leichter als das", dachte ich. Ich hörte auf die Stimme des Fernsehzauberers, die immer leiser und geheimnisvoller wurde. „Ding, ding, ding", die Uhr schlug Mitternacht, und ich kam wieder zu mir. Hinter mir fauchte Cora. Ich drehte mich um. Oh nein, meine Katze war auf einmal viel größer als ich und zeigte mir bedrohlich ihre spitzen Zähne. „Cora, Cora, ich bin's. Du wirst mich doch nicht etwa fressen wollen?" Doch Cora hob ihre Tatze, fuhr die Krallen aus und – da war ich schon auf der Flucht. „Wieso habe ich vorhin bloß die Tür geschlossen?", jammerte ich und meine kleinen Mäuseknie schlotterten.

Cora, meine geliebte Cora wollte mich fressen. Ich war also wirklich eine Maus. Schon stand die Jägerin vor mir. Ihr schwarzes Fell schimmerte und ihre Augen glänzten mordlustig. Sie sprang hoch, ihre Tatze war direkt über meinem Kopf. Da rannte ich schon wieder, so schnell mich meine kleinen Mäusebeine trugen.

Warum hatte ich Merlins Rat nicht befolgt? Nun war ich in Lebensgefahr. Jetzt fiel mir ein, dass Merlin versichert hatte, nach zwei Stunden sei alles vorbei. Diese Zeit musste ich überbrücken. Aber wie? Ich musste ein Versteck finden. Cora setzte schon wieder zum Sprung an, da huschte ich schnell unter die Couch. Dort konnte ich bleiben. Nun hatte ich genügend Zeit zum Überlegen. Ich entwickelte einen Plan: Genau um zwei Uhr wollte ich auf der einen Seite der Couch meinen kleinen Mäuseschwanz vorstrecken. Wenn Cora auf diese Seite springen würde, könnte ich auf der anderen Seite flüchten.

Es schlug zwei Uhr. Ich schob mein Schwänzchen nach draußen. „Auaa!", quiekte ich. Cora hatte meinen Schwanz gepackt und zog mich unter der Couch hervor. Mein kleiner Körper verwandelte sich vor Angst in einen Eisklotz. Cora riss ihr Maul auf. „Ding", die Uhr schlug ein letztes Mal. Mir wurde schwarz vor Augen. Als ich die Augen vorsichtig öffnete, befand ich mich in meinem Bett. Meine Katze schlief neben mir, als sei nichts gewesen. Misstrauisch blickte ich sie an und schlich dann ins Wohnzimmer, wo alles friedlich und aufgeräumt war. Etwas verwirrt ging ich wieder zurück. Cora konnte ich ja nicht fragen, was wirklich passiert war in dieser Nacht.

Der Verfasserin gelingt es auf beklemmende Art und Weise, den Spannungsbogen aufrechtzuerhalten. An manchen Stellen glaubt der Leser kaum noch, dass die Hauptperson heil aus der Geschichte herauskommen wird. Dass sie überlebt, ist klar, wenn man die Einleitung genau liest. Außerdem gut gelöst: Der Einstieg in die Fantasiewelt wird sorgfältig vorbereitet und der Schluss bleibt in der Schwebe, also der Fantasie des Lesers überlassen.

Erlebnisse im Koboldland

35 **Verfasse zu diesem Thema eine fantasievolle Erzählung. Denke dir eine Überschrift aus, die gut zu deiner Geschichte passt.**

Beispiel

Abenteuer hinter der Ritze

Karin saß auf dem Sofa in ihrem Kinderzimmer. „Ist das heute ein langweiliger Tag!", dachte sie im Stillen. „Wenn nur irgendetwas passieren würde!" Verträumt blickte sie aus dem Fenster.

„Hallo, hallo! Wieso hört mich bloß keiner?", rief da plötzlich ein piepsiges Stimmchen in die Stille hinein. Karin sah nach unten. Da stand ein kleiner Kobold. „Na endlich", seufzte er erleichtert, „wenigstens du hast mich gehört." Flink kletterte er auf Karins Schulter. „Hör zu, ich heiße Nafantin und komme aus Grimfinien. Wie heißt du denn?" – „Ich?" Karin war ganz verwirrt. Schließlich bekam sie so etwas nicht jeden Tag zu sehen.

Wie der Kobold aussah! Sein Gesicht war braun und nicht größer als eine Walnuss. Er hatte lockige Haare, die unter der himmelblauen Mütze hervorhingen. Die grünen Augen blitzten mit den Knöpfen seiner roten Jacke um die Wette. Die blau gestreifte Hose hatte er in die gelben Stiefel gestopft. „Ich heiße Karin. Wo kommst du denn her?" – „Na, durch diese Ritze!" Er zeigte auf eine kleine Öffnung in der Wand. „Wenn du willst, dann zeige ich dir meine Welt." – „Aber ich bin viel zu groß für den Eingang." – „Ach ja, der Spruch. Pass auf: Mirre marre, Fliegenbein, du sollst jetzt verkleinert sein. Schneckenpudding schmeckt gar fein und nun bist du klein!" Im gleichen Augenblick merkte Karin, wie sie kleiner und kleiner wurde. Rasch folgte sie Nafantin durch die Ritze.

Ein paar Sekunden später waren sie in einem Wald. „Oh, ist das toll hier!", rief Karin. Und das war es auch. Der ganze Wald glitzerte und funkelte. „Komm", drängelte Nafantin, „wir gehen zu meinem Volk." Bald standen sie in der Hütte des Oberkobolds. „Schön, dass du da bist, Karin. Darf ich dir Gardanie, mein sprechendes Einhorn, vorstellen? Es wird dir mein Reich zeigen." – „Los, aufgesessen!", sagte das Einhorn. Nafantin und ich schwangen uns auf seinen Rücken. In rasendem Galopp ging es über weiße Schäfchenwolken. Doch plötzlich verdüsterte sich der Himmel. Die Wolken wurden immer dunkler. „Ich gehe mal runter und sehe nach, was da los ist!", rief das Einhorn über seine Schulter zurück. Kurz darauf blickten sie in die schaurige Öffnung eines riesigen Vulkans. In dem Krater brodelte die Lava. „Oh, die Vulkangeister sind am Werk!", schrie Nafantin erschrocken. „Alle 500 Jahre bricht der Vulkan aus und verwüstet unseren Zauberwald. Was können wir bloß tun?"

Alle drei überlegen fieberhaft. Viel Zeit bleibt ihnen nicht mehr, die Hitze wird unerträglich. Da ruft Karin ganz laut: „Meine Trinkflasche! Gut, dass ich sie mitgenommen habe." Nafantin versteht sofort und schreit aufgeregt: „Los, los, schütte die Limo in die Lava!" Vorsichtig nähert sich das Mädchen dem Kraterrand und schüttet die Flüssigkeit in die glühende Lava. Sofort erstarrt diese zu Eis und das Geschrei der Vulkangeister verstummt.

Überrascht blickte Karin nach unten und murmelte halblaut: „Das waren bestimmt die Farbstoffe! Mutter behauptet ja immer, dass das Zeug so ungesund ist!" Während sie noch darüber nachdachte, hörte sie Mutters Stimme aus der Ferne rufen. Auch die beiden anderen konnten sie hören. „Schnell!", rief Nafantin, „du musst wieder durch die Ritze schlüpfen, sonst ist es zu spät!" Karin hüpfte vom Kraterrand und purzelte den Abhang hinunter.

Da öffnete Mutter auch schon die Zimmertür. „Bist du mit den Hausaufgaben fertig? Es ist schon spät", meinte sie. „Schade", dachte Karin, „das war so aufregend!" Sie ging zur Wand und tastete nach der Ritze, aber die war verschwunden.

In diesem Aufsatzbeispiel wurden alle Regeln der Fantasieerzählung beachtet. Karin, die Hauptfigur der Geschichte, schlüpft durch eine Ritze in der Wand ihres Zimmers und gelangt so in eine fantastische Welt. Durch die Ritze werden der Einstieg in die Zauberwelt und – am Ende – die Rückkehr in die Wirklichkeit deutlich markiert. Alle Ereignisse und Gestalten haben eine Bedeutung für die Geschichte. Die Idee, eine mitgebrachte Trinkflasche zur Rettung der Zauberwelt einzusetzen, ist sehr originell.

36 **Zur guten sprachlichen Gestaltung gehören neben der wörtlichen Rede und dem szenischen Präsens am Höhepunkt (Infos zum szenischen Präsens siehe Seite 20 und 45) vor allem ausdrucksstarke Verben. Suche im Aufsatzbeispiel nach ausdrucksstarken Verben und schreibe sie auf.**

Lösungsvorschlag:
Ausdrucksstarke Verben findest vor allem in folgenden Ausdrücken: *blitzten um die Wette, der Wald glitzerte und funkelte, … drängelte Nafantin, (wir) schwangen uns auf seinen Rücken, der Himmel verdüsterte sich, … erstarrt diese zu Eis und das Geschrei verstummt, hüpfte vom Kraterrand und purzelte den Abhang hinunter.*

Im Zauberwald

37 Verfasse zu diesem Thema eine Fantasiegeschichte mit einigen Märchenelementen. Gib deiner Geschichte eine treffende Überschrift.

Tipp Das Märchen ist eine Sonderform der Fantasiegeschichte. Es folgt eigenen Gesetzen. So kommen darin immer wieder Zaubersprüche und Reime, bestimmte Zahlen und der Anfang *Es war einmal* oder ähnliche Formulierungen vor. Im Unterricht wird selten von dir verlangt, ein echtes Märchen zu schreiben, sondern eher eine Fantasiegeschichte mit märchenhaften Elementen.

In der Aufgabenstellung zum Beispielthema heißt es, dass *einige Märchenelemente* verwendet werden sollen. Es müssen also nicht alle berücksichtigt werden.

Beispiel

Der Waldgrünling und der Zauberteich

In einem Wald, von dem man sagt, er sei verhext, lebte einmal ein kleiner Waldgrünling. Dieser bestand ganz und gar aus Gemüse: Sein Kopf war ein Kohl, seine Nase eine Karotte, seine Augen waren aus Rosenkohl. Er lebte an einem kleinen Zauberteich in einer Hütte, die aus eng zusammengewachsenen Eichen bestand.

Als der kleine Waldgrünling eines Morgens wieder einmal aus seiner Eichenhütte trat, um aus dem Teich zu trinken, war dieser verschwunden. Der Waldgrünling beschloss ihn zu suchen. So ging er durch den Wald, suchte hier, suchte dort, unter Steinen, hinter Bäumen. Doch nirgends fand er seinen geliebten Teich. Da hüpfte ein Frosch vorbei. Der Waldgrünling fragte ihn höflich: „Entschuldigen Sie, werter Herr, haben Sie zufällig einen Teich gesehen?" Der Frosch antwortete: „Tut mir Leid, keine Zeit. Ich muss in meinen Tümpel zurück, noch vor dem großen Unglück." – „Welches Unglück?", wollte der Grünling noch fragen, doch schon war der Frosch verschwunden.

Der Waldgrünling ging weiter, um seinen Teich zu suchen. Da sauste ein Wiesel heran. Der Waldgrünling fragte: „Entschuldigen Sie, werter Herr, haben Sie zufällig einen Teich gesehen?" Das Wiesel antwortete: „Tut mir Leid, keine Zeit. Ich muss in meinen Bau, noch vor dem Radau." – „Welcher Radau?", wollte der Grünling noch fragen, doch schon war das Wiesel verschwunden. „Seltsam", überlegte der Grünling, „welcher Radau, welches Unglück?" Er ging weiter. Da kam ein Geier vorbeigeflogen: „Entschuldigen Sie, werter Herr …" Doch der Geier war schon wieder weg. Plötzlich kamen immer mehr Tiere angerannt, die hastig vor irgendetwas davonliefen. Der Grünling versuchte einige von ▸▸

ihnen aufzuhalten, doch ohne Erfolg. Er rannte in die entgegengesetzte Richtung, um selbst zu sehen, wovor die Tiere Angst hatten. Immer schneller rannte er auf die Gefahrenquelle zu. Auf einem Hügel angekommen, sah er unter sich friedlich schlummernd seinen Teich.

Doch wer stand da unten am Ufer? Es war doch nicht …? Doch! Es war der Schattenherr Zyrgon. Was hatte er mit dem Teich vor? Er lachte hämisch und war gerade dabei, ein Pülverchen ins Wasser zu schütten. Der Teich färbte sich sofort blutrot. Da wurde der Grünling zornig. Er rannte auf den Schattenherrn zu und sprang ihn an. Zyrgon, der den Grünling noch nicht bemerkt hatte, schüttete sich vor Überraschung das restliche Pulver ins Gesicht. Da heulte der böse Schattenherr auf und sank tot nieder.

Am nächsten Morgen wachte der Waldgrünling auf. Er lag wieder in seinem Bett in der Eichenhütte. Gleich stürmte er zur Tür hinaus. Der Teich war da, wo er immer gewesen war.

Sicher hast du gleich erkannt, welche bekannten Märchenelemente vorkommen: Der Waldgrünling fragt dreimal nach seinem Teich und verwendet dabei dreimal den gleichen Satz. Die Tiere, die er fragt, antworten mit Reimen (*zurück – Unglück, Bau – Radau*). Am Schluss gewinnt das Gute und der böse Zyrgon wird bestraft. Eine weitere Stärke des Aufsatzes besteht darin, dass der Verfasser seine eigene Schreibweise dem Märchenstil angleicht.

Brief

Was muss ich über den persönlichen Brief wissen?

- Persönliche Briefe werden zu unterschiedlichen Anlässen geschrieben. Du kannst einfach nur erzählen, was passiert ist, eine Bitte äußern, eine Entschuldigung formulieren, eine Einladung aussprechen usw.
- Zunächst solltest du überlegen, wem du schreibst. Passe den Stil dem Adressaten (= Empfänger) des Briefes an. Dir muss von Anfang an klar sein, weshalb du den Brief schreibst und was hineingehört.
- Sprich den Empfänger des Briefes immer wieder an und nimm Rücksicht auf die Situation des Briefempfängers (zum Beispiel Krankheit).

Bei deinen Vorüberlegungen kannst du dir folgende Fragen stellen:

Wem will ich schreiben?	▶ Adressat
Welchen Anlass habe ich?	▶ Dank, Gratulation, Kontakt
Worüber will ich schreiben?	▶ Thema/Inhalt
Wie will/muss ich schreiben?	▶ persönliche Haltung gegenüber dem Adressaten
In welcher Reihenfolge schreibe ich?	▶ sinnvoller Aufbau
Welche Einzelheiten sind wichtig?	▶ Hervorhebung wichtiger Einzelheiten, Weglassen von unwichtigen Dingen

Das Aufbauschema eines persönlichen Briefs sieht so aus:

Ort, Datum

Anrede,

Brieftext

Grußformel

Unterschrift (meistens Vorname)

Vorsicht, Falle!

Die sechs häufigsten Fehler, die beim persönlichen Brief gemacht werden, sind:

- Äußere Form: Ort/Datum (oben rechts stehend) oder Anrede, Grußformel und Unterschrift (jeweils am linken Briefrand beginnend) fehlen.
- Der Inhalt passt nicht zum Anlass (= Thema, Grund des Briefs).
- Der Inhalt ist nicht sinnvoll aufgebaut (mit Überleitungen), sondern enthält zusammenhanglos aneinandergereihte Einzelheiten.
- Der Briefempfänger wird nicht wiederholt direkt angesprochen und einbezogen. Dazu gehört auch der passende Stil, denn an einen gleichaltrigen Freund musst du anders schreiben als etwa an deine Großeltern.
- Eine besondere Situation des Empfängers (zum Beispiel eine Krankheit) wird nicht berücksichtigt.
- Rechtschreibung bei den Anredepronomen: Alle Formen wie du, euch plus Ableitungen davon werden kleingeschrieben oder großgeschrieben, alle Höflichkeitsformen wie Sie etc. werden immer großgeschrieben.

Persönlicher Brief

1 **Beantworte diesen persönlichen Brief.**

Steinenhorst, den 28.1.2010

Mein lieber Fritz,

für deinen Brief vom Dezember danke ich dir sehr herzlich. Danke auch für deine guten Wünsche zum neuen Jahr. Vor allem der Wunsch für Gesundheit ist in meinem Alter besonders wichtig.

Seit einigen Tagen habe ich deinen Brief so hingelegt, dass ich ihn ständig sehe, denn ich will dir unbedingt schreiben. Warum? Nun, ab Mitte Februar werde ich zu einer Kur nach Bad Seebad kommen. Ich werde jeden Mittwoch ab 14 Uhr frei haben, sodass mir der Nachmittag voll zur Verfügung steht. Können wir da etwas gemeinsam unternehmen – in Bad Seebad direkt oder in der Umgebung? Du weißt ja, dass ich gern Sport treibe. Soll ich eine bestimmte Sportausrüstung mitnehmen? Was könnten wir denn zusammen machen? Schreibe mir, ob du Zeit und Lust hast.

Ich habe dich ja nun lange nicht mehr gesehen – über ein Jahr. Bist du mächtig gewachsen? Wahrscheinlich erkenne ich dich überhaupt nicht mehr! Wie geht es inzwischen in der Schule? Hast du ein Lieblingsfach im Gymnasium? Sind die Lehrer dort sehr streng?

Ich nehme an, es bleibt dir trotzdem noch genügend Zeit für deine Hobbys. Dafür kannst du den beiliegenden Zuschuss von 50 Euro sicher gut brauchen.

So viel für heute, lieber Fritz. Deine Oma liegt mir ständig in den Ohren, dass ich meine Werkstatt endlich wieder einmal aufräumen soll. Ich will jetzt damit anfangen, um bis zur Kur fertig zu sein. Ich freue mich schon auf unsere gemeinsame Zeit!

Für heute grüßt dich ganz herzlich

Opa

Tipp Bei Briefen an ältere Verwandte musst du beim Schreiben besonders auf den Ton achten und genau überlegen, wie der Brief wohl auf den Empfänger wirkt. Es kommt natürlich auch darauf an, wie gut ihr euch kennt.

Beispiel 1

Bad Seebad, den 3. Februar 2010

Lieber Opa,

herzlichen Dank für deinen netten Brief, der mich sehr gefreut hat. Danke auch für die 50 Euro. Geld kann ich immer gut brauchen. Aber weißt du, was mich am allermeisten freut? Dass du bald nach Bad Seebad kommst und wir beide etwas unternehmen können. Weißt du schon, wann genau du ankommst?

Ich habe mir überlegt, was wir dann machen könnten. Was hältst du von einer kleinen Bergwanderung? Kennst du die Tregleralm? Dort gibt es immer eine gute Brotzeit. Du erinnerst dich sicher, dass ich gern esse. Bring also am besten deine Wanderschuhe und den Stock mit. Mach dir keine Sorgen, den Weg zur Alm schaffst du bestimmt. Er ist überhaupt nicht steil.

Für die 50 Euro habe ich mir einen schicken neuen Rucksack gekauft, den wir auf unserer Tour gleich verwenden können. Es kann ja nicht schaden, ein bisschen Proviant für unterwegs mitzunehmen.

Übrigens, gewachsen bin ich schon. Zumindest sagt das Tante Traudl immer, wenn sie zu Besuch bei uns ist. Aber verändert habe ich mich kaum, deshalb wirst du mich sicher wiedererkennen. In der Schule gefällt es mir gut. Bis du zur Kur hier bist, habe ich schon mein Zeugnis. Ein Lieblingsfach habe ich nicht. Die Lehrer sind alle nett. Die Hausaufgaben mache ich immer so zügig, dass ich noch genügend Zeit für Hobbys habe.

So, das war's für heute. Wenn du in Bad Seebad bist, erzähle ich dir mehr. Und jetzt wünsche ich dir noch viel Spaß beim Aufräumen der Werkstatt.

Viele Grüße und alles Liebe für dich und Oma!

Sven

Sven geht sehr gut auf seinen Opa ein. Er sucht das geeignete Wanderziel für einen älteren Herrn aus, er bedankt sich höflich für das zugeschickte Geld und schafft mit dem dafür gekauften Rucksack einen netten Bezug zur geplanten gemeinsamen Wanderung.

Das folgende Beispiel 2 ist weniger gut gelungen.

Beispiel 2

Bad Seebad, den 3. Februar 2010

Lieber Opa,

es freut mich zu hören, dass es dir gut geht. Auch bei mir ist alles in bester Ordnung. Herzlichen Dank für deinen Brief und vor allem für den mitgeschickten Geldschein. Ich möchte dir erzählen, was ich mir davon gekauft habe. Du weißt doch, dass ich ein gern Flugzeuge bastle. Darum habe ich mir den brandneuen Bausatz der JU 305 gekauft. Sie gefällt mir super.

Du hast mich gefragt, ob ich an den freien Nachmittagen deiner Kur etwas mit dir unternehmen will. Auf jeden Fall! Am liebsten möchte ich mit dir ein kleines Tennismatch in der Tennishalle spielen. Gefällt dir der Vorschlag? Letztes Jahr hast du mich noch geschlagen, aber jetzt kommt die Revanche. Ich bin nämlich um einiges gewachsen und außerdem trainiere ich fleißig.

Du hast mich gefragt, wie es mir am Gymnasium geht. Es läuft sehr gut. Mein Klassenlehrer ist sympathisch und versteht Spaß. Wenn wir zu laut sind, ist er streng, wenn wir leise sind, ist er einfach klasse. Meine Lieblingsfächer sind Deutsch, Erdkunde und Sport. Im Gymnasium habe ich nicht mehr so viel Zeit für meine Hobbys wie in der Grundschule. Mama hat gesagt, das sei ganz normal. Trotzdem gehe ich gern in die neue Schule.

Wie geht es eigentlich Oma? Bestelle ihr bitte einen schönen Gruß von mir.

Nun wird es aber Zeit aufzuhören, denn Mama hat das Abendessen schon auf den Tisch gestellt.

Mit einem herzlichen Gruß

Klaus

Auch dieser Antwortbrief schafft passende Bezüge, aber es ist etwas ungeschickt von Klaus, beim Opa den Eindruck zu erwecken, er sei nur an Geld interessiert: „Herzlichen Dank für deinen Brief und *vor allem* für den mitgeschickten Geldschein." Eine weitere Schwäche des Briefes: Die Fragen des Großvaters werden nacheinander „abgehakt". Als sie beantwortet sind, schiebt Klaus die Ausrede vor, das Abendessen stehe auf dem Tisch. Das ist nicht besonders höflich gegenüber dem Adressaten!

Sprachlich zu verbessern sind die Wiederholungen *Du hast mich gefragt …*, die nicht sehr elegant wirken. Fraglich ist schließlich der Vorschlag, Tennis zu spielen. Da der Opa von Klaus zur Kur kommt, ist dies vermutlich eine zu anstrengende Freizeitbeschäftigung für ihn.

Erzählung im Brief

2 **In den vergangenen Sommerferien warst du mit deiner Familie mehrere Tage in Urlaub. Dein Onkel hat vor Reisebeginn großzügig dein Taschengeld aufgebessert. Bedanke dich dafür und erzähle ihm in einem ausführlichen persönlichen Brief vom Urlaub und darüber, was du mit dem Geld gemacht hast.**

Beispiel

Århus/Dänemark, den 25. August 2010

Lieber Onkel Ludwig,

nach drei Tagen Fahrt sind wir nun in Dänemark angekommen. Warst du auch schon einmal hier? Also, mir gefällt es sehr gut.

Als Allererstes möchte ich dir für das Geld danken, das du mir für die Reise mitgegeben hast, und dir schreiben, was ich damit angestellt habe. Ich habe mir auf unserem Weg hierher einen Besuch im Legoland geleistet. Es war das Tollste, was ich je erlebt habe. Du kannst dir nicht vorstellen, wie viele Lego-Modelle aufgestellt sind. Ich glaube, es sind mindestens tausend.

Im Legoland ist mir etwas sehr Peinliches passiert. Ich musste mal. Das ist zwar etwas ganz Normales, aber nicht, wenn man statt auf der Herrentoilette auf der Damentoilette landet. Ich habe mich vielleicht geschämt! Ansonsten lief aber alles sehr gut und ich habe dir auch ein Souvenir gekauft.

Jetzt sind wir auf dem Campingplatz. Es gibt sogar ein Schwimmbecken. Gleich am ersten Tag gab es ein aufregendes Erlebnis. Theresa wäre beinahe ertrunken. Du weißt ja, dass meiner kleinen Schwester ständig etwas zustößt. Sie stellte sich an den Beckenrand und sagte zu Mutti: „Schau mal, ich springe jetzt ins Wasser!" Sie hatte aber ganz vergessen, dass sie keine Schwimmflügel trug. Mutti schrie noch: „Nein, spring nicht!", aber es war schon zu spät. Theresa fuchtelte wie wild mit den Armen herum, um sich über Wasser zu halten. Mama sprang, obwohl sie ihre normale Kleidung und keinen Badeanzug anhatte, ins Wasser und zog Theresa an den Rand. Das war knapp!

Ansonsten lassen wir es uns gut gehen. Nur das Essen ist unausstehlich. Immer nur Fisch. Igitt, ich hasse Fisch! Gibt es für dich auch Gerichte, die du nicht ausstehen kannst?

Herzliche Grüße – auch an Tante Irene und Carolin!

Johannes

Johannes schreibt einen Brief, über den der Onkel sich bestimmt freut. Der Aufbau ist sinnvoll: Zuerst bedankt der Junge sich für das Taschengeld und erzählt, wie er es verwendet hat. Danach versucht er dem Onkel etwas zu bieten, indem er unterhaltsam und auch etwas spannend von der Reise erzählt.

3 **Deine Freundin war an deinem Geburtstag mit ihren Eltern in Urlaub und konnte deshalb nicht an der Feier teilnehmen. Erzähle ihr in einem Brief von den Ereignissen der Geburtstagsparty.**

Tipp Bei dieser Themenstellung musst du sehr vorsichtig und zurückhaltend schreiben. Die Adressatin soll ja nicht vor Neid erblassen und sauer sein, dass sie die tolle Party verpasst hat.

Beispiel

Köln, den 20. Juli 2010

Liebe Micha,

na, wie ist es so in Ibiza? Ich hoffe, die Jungs am Strand sind hübsch. Schade, dass du bei meiner Geburtstagsparty nicht dabei warst. Wir hatten nämlich sehr viel Spaß. Vielleicht tröstet es dich ein wenig, wenn ich dir erzähle, wie die Feier abgelaufen ist.

Die Party begann um vier Uhr. Alle meine Freundinnen erschienen gemeinsam und schenkten mir eine CD, die ich mir schon lange Zeit gewünscht hatte. Vor Freude strahlte ich übers ganze Gesicht und bedankte mich bei den dreien überschwänglich. Wir hörten die CD gleich an und unterhielten uns über die hübschen Jungs auf der CD-Hülle. Gegen sechs Uhr gingen wir zum „Raubritter", um dort Pizza zu essen.

Es schmeckte prima. Verena bestellte sich Pizza „Hawaii“ und verlangte noch Ketchup dazu. Genau das war ihr Pech. Sie schraubte den Deckel auf und kippte die Flasche. Aber es kam und kam nichts heraus. Da schlug sie erbost mit der Hand auf den Boden der Flasche – und flatsch – landete der halbe Flascheninhalt auf ihrer neuen weißen Sommerhose. Natürlich lachten wir laut los. Verena stand beleidigt auf und rannte zum nächsten Waschbecken, um sich das Ketchup abzuwaschen. Es war sicher nicht angenehm, mit nasser Hose im Lokal zu sitzen.

Weißt du noch, wie dir letztes Jahr beim Würstchenessen das gleiche passiert ist wie Verena? Es wird schon bald zur Tradition, sich an meinem Geburtstag mit Ketchup zu bekleckern!

Nachdem wir ohne weitere Pannen gegessen hatten, durften wir in unserem Garten zelten. In den Schlafsäcken machten wir es uns mit Chips und Cola gemütlich. Um ein Uhr war dann endlich Ruhe.

Ich hoffe, es hat dir gefallen, was ich dir von meiner Feier erzählt habe. Sei nicht traurig, nächstes Jahr bist du wieder mit dabei! Können wir uns am letzten Ferienwochenende noch treffen? Schreib mir bitte bald, wie es bei dir in Spanien ist!

Viele liebe Grüße,

Sabrina

Die Briefschreiberin geht geschickt vor, indem sie sich zuerst nach dem Befinden der Freundin erkundigt und ihr Bedauern darüber ausdrückt, dass sie nicht an der Feier teilnehmen konnte. Erst danach schildert sie ein lustiges Erlebnis und schließt den Brief mit der Aussicht auf ein Treffen. So kommt bei der Adressatin sicher keine Traurigkeit auf.

4 **Deine Freundin kann dich in den Pfingstferien nicht besuchen, weil sie sich das Bein gebrochen hat. Stattdessen schlägt sie dir vor, mit ihr im Sommer ins Ferienlager zu fahren. Schreibe ihr einen Brief ins Krankenhaus und erkundige dich nach den näheren Umständen des Ferienlagers.**

Tipp Dieses Thema verlangt viel Einfühlungsvermögen: Die Freundin liegt im Krankenhaus. Du musst dich natürlich nach dem Unfall erkundigen und der Adressatin Mut machen.

Beispiel

München, den 23. Mai 2010

Liebe Doris,

als ich gehört habe, dass du dir das Bein gebrochen hast, war ich richtig traurig. Meine Eltern nannten mich von da an nur noch Muffi. Du hast mir in deinem Brief jedoch vorgeschlagen, mit dir ins Ferienlager zu fahren. Als ich das gelesen habe, bin ich von einem Bein aufs andere gehüpft.

Meine Eltern haben nichts dagegen, wollen aber wissen, mit welchem Verkehrsmittel wir fahren. Sie sind übervorsichtig! Und ich möchte wissen, ob es dort auch Pferde gibt.

Du liegst im Krankenhaus und ich kann nachmittags draußen spielen. Du tust mir sehr leid!

Stell dir vor, Martin, der Junge von nebenan, hat seinen Brüdern einen großartigen Streich gespielt. Er nahm einen Ball und schnitt mit einem Messer vorsichtig ein kleines Loch hinein. Danach füllte er ihn mit Wasser und klebte das Loch wieder zu, jedoch nur zur Hälfte. Als seine Brüder den Ball holen wollten, rief er ihnen zu: „Hier ist der Ball, kommt und fangt ihn!" Einer der Brüder fing ihn tatsächlich, nur war er danach ganz nass. Ich werde dich bestimmt bald besuchen. Das Wochenende steht vor der Tür. In deinem Brief hast du nichts Genaueres über Ort, Abfahrt und Ankunft geschrieben. Ich hoffe, du kannst mir Auskunft geben. Ich habe schon eine Idee, was wir bei schönem Wetter machen könnten: Wir klettern auf Bäume!

Gute Besserung wünscht dir

Sonja

Dieser Brief enthält zwei wesentliche Fehler. Die Verfasserin schreibt fast ausschließlich über sich selbst. Sogar im Bezug auf die kranke Adressatin spricht sie nur von ihren eigenen Gefühlen:
… *als ich gehört habe, dass du dir das Bein gebrochen hast, war ich richtig traurig.*

Du liegst im Krankenhaus und ich kann nachmittags draußen spielen. Du tust mir sehr leid!

Außerdem springt sie von einem Thema zum anderen und erzählt ohne Anlass vom Nachbarsjungen. Dadurch vernachlässigt sie ihre eigentliche Aufgabe, nämlich das Einholen von Auskünften über das Ferienlager.

5 **Verbessere das Briefbeispiel von Seite 86. Überarbeite den Schluss, indem du Informationen über Kosten, Programm und Betreuung im Lager einholst.**

Bitte/Entschuldigung

6 **Nach langem Hin und Her haben dir deine Eltern ein Haustier geschenkt. Nun steht der gemeinsame Urlaub bevor und du brauchst jemanden, der sich um das Tier kümmert. Schreibe einen Brief an einen auswärts lebenden Verwandten mit der Bitte, für die Zeit des Urlaubs das Tier in Pflege zu nehmen.**

Tipp Bitt- und Entschuldigungsbriefe beziehen sich immer auf einen ganz konkreten Sachverhalt, der genau dargestellt werden muss. Achte bei der Formulierung des Briefs darauf, dass du einen Mittelweg zwischen Höflichkeit und übertriebener Anbiederung findest.

Bei unserem Thema geht es um eine Bitte. Du musst den Adressaten davon überzeugen, dass er die geeignete Person zur Pflege des Haustiers ist. Gleichzeitig solltest du dem Briefempfänger diese Aufgabe auch schmackhaft machen.

Beispiel

Aachen, den 10. April 2010

Liebe Tante Christa,

bestimmt bist du sehr überrascht darüber, von mir Post zu bekommen, weil ich dir doch so selten schreibe. Aber heute muss ich dir etwas Wichtiges mitteilen.

Du weißt ja, dass mein größter Wunsch ein Haustier war. Eigentlich wollten meine Eltern kein Tier haben. Schließlich habe ich so lange gebettelt, bis sie es erlaubten. Ich bekam zwei Hasen. Vor Kurzem erinnerte mich meine Mutter daran, dass der zweiwöchige Familienurlaub bevorsteht und dass wir die Kaninchen nicht einfach allein zu Hause lassen können. Ich überlegte, wo ich die Tiere am besten unterbringen kann. Mir fiel ein, dass du zwei Katzen hattest, die wirklich sehr gepflegt waren. Daher habe ich an dich gedacht. Könntest du bitte meine Hasen für zwei Wochen in Pflege nehmen?

Du brauchst dir keine Sorgen machen, denn meine Hasen sind ganz zutraulich und stinken auch nicht. Das Füttern ist kein Problem: Abends bekommen sie eine Karotte, frisches Wasser, ein bisschen Heu und hartes Brot, mittags ein wenig Salat und Fertigfutter. Zum Frühstück reicht ein bisschen Löwenzahn. Natürlich bringen wir das Futter mit.

Gegen Mittag lasse ich die Hasen in der Wohnung frei herumlaufen. Du brauchst aber keine Angst zu haben, dass die Teppichböden schmutzig werden. Nein, das machen meine Hasen nicht.

Hoffentlich kannst du meine zwei Süßen nehmen, denn du verstehst sicher, dass ich sie nicht ins Tierheim bringen will. Nun weißt du ja auch, welche Arbeiten auf dich zukommen werden. Überlege es dir bitte und gib mir bald Bescheid.

Liebe Grüße,

Tina

Tina gelingt es gut, alle wichtigen Informationen mitzuteilen und eventuelle Bedenken der Tante – zum Beispiel hinsichtlich Pflege, Futter und Sauberkeit – schon vorab zu zerstreuen. Sie schafft einen guten Adressatenbezug, indem sie die Tante immer wieder persönlich anspricht und auf ihre Erfahrungen in der Tierhaltung anspielt. Auch sprachlich ist der Brief gelungen.

Was muss ich über den sachlichen Brief wissen?

- Sachliche Briefe werden zu unterschiedlichen Anlässen geschrieben. Dabei kann es sich zum Beispiel um eine Anfrage, eine Beschwerde, eine Bestellung, einen Vorschlag usw. handeln.
- Zunächst solltest du überlegen, wem du schreibst. Passe den Stil dem Adressaten (= Empfänger) des Briefes an.
- Mach dir klar, was du mit dem Brief erreichen möchtest, und entscheide, welche Informationen für den Empfänger notwendig sind.

Bei deinen Vorüberlegungen kannst du dir folgende Fragen stellen:

- Wem will ich schreiben? ▶ Adressat
- Welchen Anlass habe ich? ▶ Reklamation, Anfrage, Bestellung …
- Welche Informationen gebe ich? ▶ Datum, Personenzahl, Reklamationsgrund …
- In welcher Reihenfolge schreibe ich? ▶ sinnvoller Aufbau nach festem Schema
- Welche Einzelheiten sind wichtig? ▶ Hervorhebung wichtiger Einzelheiten, Weglassen von unwichtigen Dingen

Das Aufbauschema eines sachlichen Briefs sieht so aus:

Absender
mit Adresse

Ort, Datum

Empfänger
mit Adresse

Betreffzeile

Anrede,

Brieftext

Grußformel

Unterschrift (Vor- und Nachname)

- Das Anliegen wird knapp in der Betreffzeile genannt. Es ist das Thema des Briefs und wird im Inhaltsteil erläutert und ausformuliert.
- Der Inhaltsteil (= Brieftext) hat die Funktion, dem Empfänger alle nötigen Informationen auf sachliche Art zu vermitteln. Persönliche Mitteilungen gehören nicht hinein.
- Der Empfänger wird immer mit der Höflichkeitsform Sie angesprochen.

Sachlicher Brief

Antwort auf eine Anzeige

7 **Du wünschst dir schon lange ein Haustier. Beim Lesen der Zeitung fällt deiner Mutter folgende Anzeige im „Nordkurier" auf:**

> Junge Kätzchen zu verschenken, nur in gute Hände. Wichtig: Die Katzen wollen sich draußen frei bewegen. Bei Interesse bitte melden bei: David Mayer, Hauptstraße 6, 12347 Üpselen.

Da deine Mutter mit einer Katze als Haustier einverstanden ist, antwortest du mit einem Brief auf die Anzeige.

Beispiel 1

Sabine Schmidt
Föhrenstraße 32
12347 Üpselen

Üpselen, den 14. Juli 2010

Herrn
David Mayer
Hauptstraße 6
12347 Üpselen

Ihre Anzeige im „Nordkurier"

Sehr geehrter Herr Mayer,

im Anzeigenteil des „Nordkurier" habe ich gelesen, dass Sie junge Kätzchen verschenken. Ich wünsche mir schon lange ein Haustier. Da meine Mutter mit einer Katze einverstanden ist, würde ich mich freuen, wenn Sie uns eines Ihrer Kätzchen überlassen würden.

Ich bin zwölf Jahre alt und wohne mit meiner Mutter und meiner 16-jährigen Schwester in einem großen Haus mit Garten. Hinter dem Haus liegen viele Felder, wo die Katze nach Herzenslust Mäuse jagen kann.

Da meine Mutter früher selbst eine Katze hatte, weiß sie über die Gewohnheiten und Bedürfnisse dieser Tiere bestens Bescheid. Bei uns ist auch immer jemand zu Hause, sodass die Katze nie allein ist. Wenn wir in den Urlaub fahren, kann unsere Nachbarin sich um die Katze kümmern. Katzenkorb und Fressnapf können wir von Bekannten bekommen.Nun hätte ich noch einige Fragen an Sie: Wie alt sind die Katzen? Sind sie schon geimpft worden? Welches Fressen mögen sie besonders gern?

Ich hoffe, ich habe Sie überzeugt, uns eine Katze zu schenken. Es wäre schön, wenn Sie sich melden würden. Sie erreichen uns unter der Telefonnummer 04711/44551.

Mit freundlichen Grüßen,

Sabine Schmidt

Sabine hält sich exakt an die äußere Form des sachlichen Briefs. An diesem Beispiel kannst du gut sehen, wie ein solcher Brief richtig aufgebaut wird.

Der Briefinhalt ist freundlich formuliert, die Argumente (Haus mit Garten, Erfahrung der Mutter mit Katzen, Betreuung der Katze auch während des Urlaubs) sind passend und schaffen Vertrauen beim Katzenbesitzer. Vermutlich wird Sabine ihr Briefziel, ein Kätzchen zu bekommen, erreichen.

Lies nun zum Vergleich das folgende Beispiel 2, das nicht so gut gelungen ist. Achte dabei sowohl auf den Inhalt als auch auf die äußere Form des Briefs.

Beispiel 2

Herrn
David Mayer
Hauptstraße 6
12347 Üpselen

Andrea Ellner

Kätzchen

Lieber Herr Mayer,

in der Zeitung ist uns Ihre Anzeige aufgefallen. Meine Eltern, mein kleinerer Bruder (5 Jahre) und ich (12 Jahre) wünschen uns wieder eine junge Katze. Wir hatten schon einmal eine Angorakatze, aber sie ist vor zwei Jahren von einem Auto überfahren worden. Zurzeit hat mein Bruder ein Meerschweinchen.

Unsere Familie lebt auf einem umgebauten Bauernhof, der ein ideales Katzenparadies ist. Wir haben einen riesigen Obstgarten, und hinter dem Haus sind viele Felder.

Und nun habe ich folgende Fragen an Sie:

Auf welchen Namen hört Ihre Katze?
- Welches Futter mag sie?
- Verträgt sie sich mit Meerschweinchen?
- Hat sie besondere Angewohnheiten?
- Ist es eine Katze oder ein Kater?
- Ist die Katze geimpft?
- Hat sie Lieblingsspielsachen?

Wir würden uns sehr freuen, wenn Sie uns bald schriftlich oder telefonisch mitteilen könnten, ob Ihr junges Kätzchen für uns in Frage käme.

Mit freundlichen Grüßen,

Andrea

Andrea bemüht sich um eine gute äußere Form. Dennoch haben sich bei der Gestaltung des sachlichen Briefs fünf deutlich erkennbare Fehler eingeschlichen.

8 **Benenne die fünf Fehler im Beispiel 2. Wenn du zum Vergleich das Beispiel 1 (Seite 91f.) betrachtest, findest du sie noch schneller.**

Lösungsvorschlag:
Sicher sind dir die fünf Fehler gleich aufgefallen: Andrea hat bei der Angabe des Absenders ihre Adresse vergessen; Ort und Datum fehlen; die Betreffzeile mit dem Wort *Kätzchen* ist zu ungenau (sie antwortet ja auf eine Anzeige – und das müsste Andrea auch so schreiben); die Anrede ist falsch (bei fremden Personen schreibt man immer *Sehr geehrter Herr …/Sehr geehrte Frau …* oder – bei Firmen – *Sehr geehrte Damen und Herren*). Am Ende des Briefs hat Andrea nur mit ihrem Vornamen unterschrieben; richtig wäre eine Unterschrift mit Vor- und Familiennamen.

Ein weiterer Kritikpunkt: Im Brieftext ordnet Andrea ihre Fragen im Stil eines Verhörs an. Das ist nicht sehr freundlich. Der Empfänger könnte sich überfahren fühlen und den Brief einfach zur Seite legen. Nicht zuletzt kennt der Empfänger weder Adresse noch Telefonnummer von Andrea und ihrer Familie – schon aus diesem Grund könnte er auf den Brief nicht reagieren.

Anfrage

9 **Du möchtest die Sommerferien zusammen mit deinem Freund im Feriencamp „Super-Holidays“ auf der Insel Föhr verbringen. Das Camp bietet laut einer Anzeige in der Zeitung den Jugendlichen in deinem Alter „erlebnisreiche Ferien mit viel Action, Sport und Spielen“. In einem sachlichen Brief an das Feriencamp holst du nun genauere Informationen ein.**
Die Adresse lautet: Feriencamp „Super-Holidays“, Nordkai 35, 25938 Wyk auf Föhr.

Beispiel 1

Bernd Bleicher
Obere Sandstraße 44
34343 Großstadt

Großstadt, den 2. März 2010

Feriencamp „Super-Holidays"
Nordkai 35
25938 Wyk auf Föhr

Informationen über einen Aufenthalt im Feriencamp

Sehr geehrte Damen und Herren,

vor einigen Tagen habe ich Ihre interessante Anzeige in der Zeitung gelesen. Ich bin 13 Jahre alt und würde gern mit einem gleichaltrigen Freund die Sommerferien in Ihrem Camp verbringen. Da unsere Eltern von diesen Ferienplänen noch nicht ganz überzeugt sind, benötigen wir einige Informationen, die in der Anzeige nicht erwähnt sind.

Daher meine Fragen an Sie:

Wie alt sind die Jugendlichen, die zu Ihnen kommen? Wie viele Aufsichtspersonen gibt es und wie werden die Kinder betreut?

Welche Verkehrsmöglichkeiten gibt es, die Insel zu erreichen? Außerdem hätte ich gern genauer gewusst, was an Sport und Spielen geboten wird und was unternommen werden kann. Bieten Sie besondere Wassersportmöglichkeiten an, wie zum Beispiel Surf- oder Segelkurse? Muss man nach einer Woche wieder abreisen oder kann man den Aufenthalt verlängern?

Sind alle Ausflüge im angegebenen Preis enthalten oder müssen sie extra bezahlt werden? Wie viel Taschengeld empfehlen Sie pro Woche?

Unsere Ferien beginnen Ende Juli. Wir könnten in der ersten Augusthälfte zu Ihnen kommen.

Ich wäre Ihnen dankbar, wenn Sie mir außerdem einen Prospekt über das Camp schicken könnten. Vielen Dank für Ihre Mühe!

Mit freundlichen Grüßen,

Bernd Bleicher

Der Brief auf Seite 95 enthält alles Notwendige und stellt die richtigen Fragen. Außerdem trifft Bernd den richtigen Ton. Am Ende des Briefs bedankt er sich im Voraus – das ist eine gute Idee. Die Antwort aus dem Feriencamp dürfte nicht lange auf sich warten lassen.

Das folgende Beispiel 2 enthält einige Fehler. Lies den Text aufmerksam durch.

Beispiel 2

Peter Müller
Bachweg 13
35351 Fliegenberg

Fliegenberg, den 2. März 2010

Feriencamp „Super-Holidays"
Nordkai 35
25938 Wyk auf Föhr

Nähere Informationen über die Anzeige in der Zeitung
vom 25. Februar 2010

Sehr geehrtes Sekretariat!

Mein Freund Daniel und ich, wir sind beide zwölf Jahre alt, haben in der Zeitung Ihre Anzeige gelesen. Wir wollten schon immer einmal an der Nordsee unseren Urlaub verbringen. Dazu benötigen wir vorher noch einige Informationen, weil uns unsere Eltern nicht allein wegfahren lassen und wir sie unbedingt überzeugen müssen.

Wie kommt man am besten auf die Insel Föhr? Schläft man in Zelten oder gibt es Blockhütten? Wie viel kostet der Aufenthalt für eine Woche? Sorgen Sie für das Essen oder isst man in einem Restaurant? Werden wir den ganzen Tag betreut? Welche Sportmöglichkeiten werden geboten und was verstehen Sie unter „Action"? Kann man auch Surfstunden buchen?

Wir warten auf baldige Antwort und hätten auch gerne einen Prospekt von Ihrem Camp.

Hochachtungsvoll!

Peter Müller

10 **Finde selbst heraus, warum das Beispiel auf der Seite 96 nicht so gelungen ist.**

Lösungsvorschlag:
Sofort fallen zwei formale Fehler bei Anrede und Grußformel auf. Da der Empfänger eine Firma ist, musst du *Sehr geehrte Damen und Herren* schreiben. Danach folgt kein Ausrufezeichen, sondern ein Komma. Das erste Wort des Briefs wird, sofern es kein Substantiv ist, mit kleinem Anfangsbuchstaben geschrieben.

Die Grußformel *Hochachtungsvoll* wird in modernen Briefen schon lange nicht mehr verwendet. Üblich ist heutzutage der Ausdruck *Mit freundlichen Grüßen.*

Stilistisch unschön ist, dass der Briefschreiber im zweiten Abschnitt den Adressaten wie bei einem Verhör mit Fragen überfällt. Hier musst du etwas vorsichtiger formulieren. Das gilt auch beim Satz *Wir warten auf baldige Antwort*, der besser so lauten sollte: *Wir freuen uns auf Ihre Informationen und danken Ihnen im Voraus für Ihre Mühe*.

11 **Das folgende Beispiel 3 ist ebenfalls misslungen – jedoch auf andere Art und Weise. Lies den Text durch und versuche die Fehler zu entdecken.**

Beispiel 3

Jutta Schwarz
Bachweg 13
35351 Fliegenberg

Fliegenberg, den 2. März 2010

Feriencamp „Super-Holidays"
Nordkai 35
25938 Wyk auf Föhr

Sehr geehrte Damen und Herren,

die Anzeige von Ihrem Feriencamp hat mich inspiriert, die Sommerferien in diesem Jahr bei Ihnen zu verbringen. Ich habe auch schon meine Freundin Franziska gefragt, ob sie mich begleiten will. Da ihre Eltern noch nicht so ganz überzeugt sind, möchte ich Sie um einige Informationen bitten. ▶▶

Als Erstes möchte ich Sie fragen, in welcher Altersgruppe die Gäste sind. Auch die beste Zeit zum Campen würde mich interessieren. Da es davon abhängt, was wir mitnehmen müssen, sind der Schlafplatz und die gebotenen Attraktionen von Bedeutung. Kann man auch selbst Spiele mitbringen? Gibt es Gruppen, die die ganze Zeit zusammen sind? Was kostet das Honorar für den Aufenthalt von zwei Wochen? Wie viele gemeinsame Mahlzeiten gibt es? Müssen alle dort anwesend sein? Welche Temperatur hat die Nordsee in den Sommerferien? Gibt es ein Schwimmbad auf der Insel Föhr? Kann man auch Ausflüge auf das Festland oder auf eine andere Insel unternehmen?

Könnten Sie diese Fragen bitte sehr bald beantworten? Haben Sie einen Prospekt vom Feriencamp? Bitte schicken Sie ihn uns mit dem Antwortbrief zu.

Vielen Dank im Voraus für Ihre Bemühungen.

MfG

Jutta Schwarz

Dieser Brief ist ein abschreckendes Beispiel für den falschen Gebrauch von Fremdwörtern (zum Beispiel *inspiriert*, *Attraktionen*, *Honorar*). Jutta wollte einen besonders guten Brief schreiben, drückt sich aber viel zu geschraubt und umständlich aus: *Da es davon abhängt, was wir mitnehmen müssen, sind der Schlafplatz und die gebotenen Attraktionen von Bedeutung.*

Außerdem unterlaufen ihr formale Fehler: Die Betreffzeile fehlt, und die Abkürzung *MfG* für *Mit freundlichen Grüßen* ist eine krasse Unhöflichkeit.

12 **Du warst mit deiner Schulklasse eine Woche im Bayerischen Wald in der Nähe von Passau. Als du in Bad Aibling am Bahnhof aussteigst, bemerkst du, dass deine Reisetasche fehlt. Du hast sie wohl am Bahnhof in Passau vergessen und rufst dort an. Deine Reisetasche wurde jedoch nicht abgegeben. Der Beamte in Passau empfiehlt dir, schriftlich beim Fundbüro der Deutschen Bahn AG in Landshut anzufragen. Schreibe einen sachlichen Brief und überlege dir, welche Informationen das Fundbüro benötigt.**
Die Adresse lautet: Deutsche Bahn AG, Fundbüro, Bahnhofstraße 3, 83330 Landshut

Tipp Bei diesem Thema kommt es darauf an, das Anliegen verständlich darzustellen. Du musst genau beschreiben, um welche Reisetasche es sich handelt.

Beispiel

Andreas Henkel
Kirchzeile 17
83043 Bad Aibling

Bad Aibling, den 6. Juni 2010

Deutsche Bahn AG
Fundbüro
Bahnhofstraße 3
83330 Landshut

Verlust einer Reisetasche am 5. Juni 2010

Sehr geehrte Damen und Herren,

auf der Rückreise von einer Klassenfahrt habe ich gestern meine Reisetasche vermutlich am Bahnhof in Passau stehen lassen. Dort wurde sie aber nicht gefunden. Deswegen wende ich mich nun an Sie.

Die grün-braune Reisetasche ist aus Wildleder. Sie hat kleine Räder an der Unterseite, einen schwarzen Tragegriff und Lederriemen. Ich muss sie etwa eine halbe Stunde vor Abfahrt des Zuges um 14 Uhr im Gepäckraum des Passauer Bahnhofs vergessen haben. Die Tasche hat zwei Verschlussschnallen und ein kleines Nummernschloss. Die Zahlenkombination zum Öffnen lautet 7219. Zum Inhalt der Tasche gehören eine Geldbörse mit etwa 20 Euro, einige Kleidungsstücke und ein Handtuch.

Sollte mein Gepäck irrtümlich mit einer anderen Reisegruppe mitgeschickt und zurückgebracht worden sein, bin ich gern bereit, Finderlohn zu zahlen. Ich bitte Sie, sich um diesen Fall zu kümmern und mir Bescheid zu geben, wenn Sie etwas über meine Tasche wissen. Vielen Dank für Ihre Mühe.

Mit freundlichen Grüßen,

Andreas Henkel

☺ ☺ ☺

Andreas beschreibt die Reisetasche sehr genau. Das ist gut so. Er macht nicht den Fehler, die Ereignisse, die zum Verlust der Tasche geführt haben, in den Vordergrund zu stellen. Diese sind für die Mitarbeiter des Fundbüros unwichtig. Der Brief ist insgesamt richtig aufgebaut, die Formulierungen sind treffend.

13 **Du bist Klassensprecher und sollst für den Klassenausflug am 19. Juli nach Nürnberg beim Busunternehmen Melchior einen Kostenvoranschlag einholen. Formuliere einen entsprechenden Brief.**

Beispiel

Fritz Schäfer
Plattenstraße 12
96099 Bamberg

Bamberg, den 17. Juni 2010

Busunternehmen Melchior
Dieselstraße 33
96098 Bamberg

Kostenvoranschlag für Busfahrt am 19. Juli 2010

Sehr geehrte Damen und Herren,

die Klasse 6a des Ludwig-Gymnasiums Bamberg (28 Schüler und zwei Begleitpersonen) plant für den 19. Juli 2010 einen Tagesausflug mit dem Bus nach Nürnberg.

Als Klassensprecher wurde ich beauftragt, einen Kostenvorschlag für diese Fahrt bei Ihnen einzuholen und zu erfragen, ob Sie uns am angegebenen Termin einen Bus zur Verfügung stellen können. Der Ausflug soll um 8 Uhr am Ludwig-Gymnasium beginnen. In Nürnberg wollen wir das Spielzeugmuseum besuchen. Die Rückkunft in Bamberg ist für 16 Uhr geplant.

Bitte teilen Sie mir mit, ob Ihr Unternehmen den Auftrag übernehmen kann. In diesem Fall bitte ich Sie um baldige Zusendung eines Kostenvoranschlags.

Für Ihre Bemühungen bedanke ich mich im Voraus.

Mit freundlichen Grüßen,

Fritz Schäfer

☺ ☺ ☺

Fritz kann sehr knapp, aber doch elegant formulieren. Seine Anfrage enthält alle wesentlichen Informationen. Zur Fachsprache gehören Begriffe wie *Kostenvoranschlag*, *Unternehmen* oder *Auftrag*. Je nach Briefthema ist es von entscheidender Bedeutung, dass du entsprechende Fachausdrücke kennst.

Reklamation

Tipp Reklamationen oder Beschwerden sind wesentlich schwieriger zu formulieren. Einerseits will man seinem Ärger Luft machen, andererseits möchte man etwas erreichen. Behalte beim Formulieren dein Ziel im Auge und schreibe höflich, aber bestimmt – und vor allem sachlich.

14 **Du hast eine Grafikkarte für deinen Computer gekauft. Bei der ersten Benutzung stellst du fest, dass der gekaufte Gegenstand fehlerhaft ist. Du schickst ein förmliches Reklamationsschreiben an den Hersteller.**

Tipp Hier ist eine genaue Beschreibung des aufgetretenen Fehlers notwendig. Du kannst ein solches Thema nur wählen, wenn du über Computer und Computerzubehör Bescheid weißt.

Beispiel 1

Paul König
Dammwall 88
12349 Wittenhausen

Wittenhausen, den 14. Oktober 2010

ATI Technologies (Europe) GmbH
Keltenring 13
82041 Oberhaching

Reklamation der Grafikkarte ATI RADEON HD 5970

Sehr geehrte Damen und Herren,

vor kurzem habe ich eine Grafikkarte ATI RADEON HD 5970 gekauft. Leider hat sie auf meinem Computer (AMD Athlon II X4) sowohl unter Windows 7 als auch unter Windows XP den Dienst verweigert.

Auf dem Bildschirm erscheint entweder die Meldung „keine Grafikkarte gefunden" oder „Karte defekt". Auch bei anderen Computern, auf denen ich die Karte testete, trat dieses Problem auf. Selbst in Ihrer Installationsanleitung fand ich keine Lösung.

Ich übersende Ihnen anbei die defekte Grafikkarte mit einer Kopie des Kaufbelegs und bitte Sie, die defekte Karte kostenlos gegen eine andere auszutauschen.

Vielen Dank für Ihre Bemühungen.

Mit freundlichen Grüßen,

Paul König

Anlagen: Grafikkarte ATI RADEON HD 5970
Kopie des Kaufbelegs

Geradlinig verfolgt Paul sein Ziel. Er schildert glaubhaft, dass er alles unternommen hat, um herauszufinden, wo der Fehler liegt. Die Chancen, kostenlos eine neue Grafikkarte zu bekommen, sind sehr hoch. Beachte auch, dass Paul die beigefügte Karte plus Kopie des Kaufbelegs in der Anlage nennt. So macht er dem Sachbearbeiter bei ATI Technologies klar, dass er etwas mitgeschickt hat.

Der folgende Text ist im Gegensatz zu Pauls Brief inhaltlich völlig misslungen. Lies ihn durch – viele Fehler fallen dir bestimmt sofort auf.

Beispiel 2

Christian Schwarzer
Auf der Höhe 99
12349 Wittenhausen

Wittenhausen, den 14. Oktober 2010

ATI Technologies (Europe) GmbH
Keltenring 13
82041 Oberhaching

Computergrafikkartenreklamationsschreiben

Sehr geehrte Firma,

gestern kaufte ich mir eine Grafikkarte, die ich natürlich sofort einbaute. Dazu nahm ich die Beschreibung und ging sie Punkt für Punkt durch. Aber sie funktionierte nicht. Dann holte ich meinen Bruder. Der probierte es auch. Er sagte mir, dass sie kaputt ist. Das habe ich mir gleich gedacht, dass die nicht funktioniert, wenn es die von ATI Technologies ist, sagte mein Bruder noch.

Bitte schicken Sie mir eine neue Grafikkarte. Ich hoffe, dass Sie die kaputte Karte zu sich nehmen und fachgerecht entsorgen!

Hochachtungsvoll!

Christian Schwarzer

Dieser Brief ist völlig unsachlich, teilweise sogar unverständlich. Es geht los mit dem Wortmonster *Computergrafikkartenreklamationsschreiben.* Dass Anrede und Grußformel falsch sind, hast du sicher gleich bemerkt. Richtig wäre *Sehr geehrte Damen und Herren* sowie *Mit freundlichen Grüßen.*

Für den Empfänger bleibt unklar, um welche Grafikkarte es geht, denn die genaue Bezeichnung *ATI RADEON HD 5970* fehlt. Dass Christians Bruder sich als Techniker versucht hat, spielt in einem sachlichen Brief keine Rolle und sollte wegfallen. An Beleidigung grenzt die Bemerkung des Bruders, der mehr oder weniger deutlich sagt, dass ein Produkt von ATI Technologies sowieso nur Schrott sei. Die beiden letzten Sätze des Briefes sind unhöflich. Daran ändert auch das Wort *bitte* zu Beginn des vorletzten Satzes nichts. Außerdem hat die *fachgerechte Entsorgung*, zu der aufgefordert wird, nichts mit Christians Reklamation zu tun.

Tipp Denke bei einer Reklamation an Folgendes: Benenne den Grund für die Beschwerde so genau wie möglich (siehe Beispiel 1 auf Seite 102), denn der Empfänger kann dadurch direkter und besser reagieren. Bleibe sachlich und freundlich – dann erreichst du dein Ziel.

D Bericht

Was muss ich über den Bericht wissen?

- Berichte lassen sich in zwei große Gruppen einteilen. Sie unterscheiden sich im Bezug auf den Adressaten.
- Die eine Gruppe umfasst Berichte, die angelehnt sind an das Polizeiprotokoll oder die Meldung für eine Versicherung. Diese Art handelt meist von Unfällen, Diebstählen oder Beschädigungen.
- Die zweite Gruppe orientiert sich an Berichten, die in der Presse erscheinen. Sie werden für Tageszeitungen, Schülerzeitungen oder Jahresberichte verfasst und beschreiben besondere Ereignisse, wie zum Beispiel sportliche Veranstaltungen oder Klassenfahrten.
- Gib im Bericht Antwort auf die W-Fragen: Wo? – Wer? – Was? – Wann? – Wie? – Warum? – Welche Folgen?
- Stelle die Ereignisse in der richtigen Reihenfolge dar.
- Verzichte auf persönliche Meinungen, Eindrücke, Empfindungen oder Vermutungen.
- Bring keine unwichtigen Einzelheiten, Wichtiges dagegen ganz genau.
- Schreibe sachlich und treffend, nicht spannend.
- Übernimm keine längeren Formulierungen aus der Vorlage.
- Verwende Fachausdrücke, wenn das Thema es erfordert.
- Die grammatische Zeit für den Bericht ist das Imperfekt/Präteritum.

Ein Bericht ist so aufgebaut:

- Einleitung: Überblicksinformation – Wo?/Wann?/Wer?/Was?
- Hauptteil: Darstellung des Geschehens – Was geschah?/Wie ist es abgelaufen?/ Warum ist das passiert?
- Schluss: Folgen des Geschehens – Was geschah danach?/Welche Folgen hatte das Geschehen?

Bericht für Polizei und Versicherung

Unfallberichte und Schadensmeldungen kommen in verschiedenen Formen vor:

- Bericht nach Zeugenaussagen
- Bericht nach einer Skizze, meist mit Kurzinformationen
- Bericht nach einem kurzen Einführungstext
- Möglich ist auch die Umgestaltung einer Erlebniserzählung zum Bericht.

Unfallbericht

Wir stellen dir hier die beiden gängigsten Formen vor: den Bericht nach Zeugenaussagen und den Bericht nach einer Skizze. In Stil und Aufbau richtet sich der Unfallbericht nach den bei der Polizei angefertigten Protokollen.

Vorsicht, Falle!

Die sechs häufigsten Fehler, die beim Unfallbericht gemacht werden, sind:

- Die W-Fragen sind ungenau, nur teilweise, überhaupt nicht oder falsch beantwortet.
- Die Ereignisse werden nicht in der richtigen zeitlichen Reihenfolge dargestellt.
- Persönliche Eindrücke werden mit Tatsachen vermischt, obwohl man sich beim Bericht auf die objektiven Fakten beschränken muss.
- Der Bericht enthält spannende Elemente, obwohl er nur sachlich-informativ gestaltet sein soll.
- Bei einem Bericht nach Zeugenaussagen: Wichtige Einzelheiten aus einzelnen Zeugenaussagen über das Ereignis bleiben unberücksichtigt.
- Bei einem Bericht nach einer Skizze: Wichtige Details der Zeichnung, die für die schriftliche Darstellung des Geschehens unverzichtbar sind, werden nicht erwähnt.

1 **Verfasse mit Hilfe der Zeugenaussagen und der Lageskizze einen Bericht. Verwende dabei nur die wichtigen Informationen.**

Zeit: 14. Oktober 2010

Ort: Kreuzung Blumenstraße und Feldstraße in Überstadt

Zeugenaussagen:

Maria Huber, 45 Jahre alt, Hausfrau:
Ich stand gegenüber der Feldstraße und kam gerade aus der Bäckerei. Ich wollte die Blumenstraße überqueren, aber die Fußgängerampel stand auf Rot. Der Audi wollte nach rechts in die Feldstraße abbiegen. Der Junge auf dem Radweg fuhr aber geradeaus weiter. Er hatte ein ziemliches Tempo drauf und konnte nicht mehr bremsen. Das hat gekracht! Ich bin gleich zur Telefonzelle gerannt, um den Notarzt zu rufen.

Gerhard Schulz, 32 Jahre alt, Tierarzt, Fahrer des Audi:
Ich hatte es eilig, denn ich musste um 8 Uhr 30 in meiner Praxis sein, um einen Hund zu impfen. Ich wollte nach rechts abbiegen. Wie hätte ich denn den Radfahrer sehen sollen? Am Straßenrand stand ein weißer Ford, viel zu nahe an der Kreuzung. Der hat mir die Sicht völlig versperrt. Ich habe noch in den Rückspiegel geschaut, aber da habe ich keinen Jungen mit Fahrrad gesehen. Mir ist ja nichts passiert, aber der Schock wegen des verletzten Jungen hat mich ziemlich mitgenommen. Mein Wagen muss zur Reparatur in die Werkstatt. Am rechten Kotflügel sind einige Kratzer.

Daniel Fischer, 12 Jahre alt, Schüler am Gymnasium in Überstadt:
Ich hatte erst in der zweiten Stunde Unterricht, war aber ziemlich spät dran. Ich habe nicht geschaut, ob ein Auto kommt. Aber der musste doch anhalten!

Johann Kerner, 53 Jahre alt, Arzt im Krankenhaus Überstadt:
Gut, dass Frau Huber gleich telefonisch Hilfe angefordert hat. Die Platzwunden am Kopf sind nicht so schlimm. Den gebrochenen linken Arm haben wir schön eingegipst. Den kann der Junge dann seinen Freunden zeigen. Sonst gab es keine Verletzungen, doch es hätte schlimmer ausgehen können.

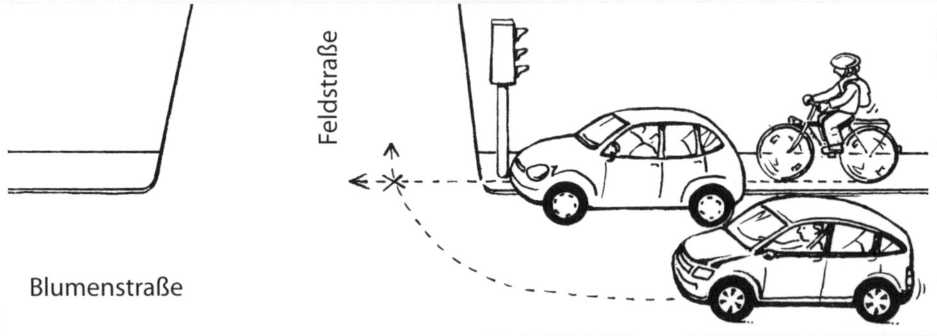

Tipp Aus der Arbeitsanweisung kannst du genau ersehen, was zu tun ist: Du liest die Zeugenaussagen durch und prüfst, welche notwendigen Informationen sie bieten. Außerdem betrachtest du die Skizze, um einen Überblick zu bekommen, was passiert ist. Vorsicht: Die Zeugenaussagen sind teilweise unsachlich und enthalten unwichtige Einzelheiten oder Vermutungen. Deine Aufgabe besteht darin, die sachlichen Angaben von den unsachlichen zu unterscheiden. Verwenden darfst du natürlich nur die sachlichen.

Beispiel

Am 14. Oktober 2010 ereignete sich an der Kreuzung Feldstraße und Blumenstraße in Überstadt ein Unfall, an dem ein Rad fahrender Schüler (12 Jahre) und ein Pkw-Fahrer (32 Jahre) beteiligt waren.

Gegen 8 Uhr 30 näherte sich der Tierarzt Gerhard Schulz mit seinem Audi auf der Blumenstraße der Kreuzung zur Feldstraße. Dabei versperrte ihm ein weißer Ford die Sicht auf die Feldstraße, in die er rechts abbiegen wollte. Er übersah daher den zwölfjährigen Schüler Daniel Fischer, der mit seinem Fahrrad auf dem Radweg die Blumenstraße entlangfuhr und die Feldstraße überqueren wollte. Aufgrund der hohen Geschwindigkeit konnte der Junge nicht mehr rechtzeitig bremsen, sodass er mit dem abbiegenden Wagen zusammenstieß. Beide Verkehrsteilnehmer waren in Eile und daher auch unaufmerksam. Die Zeugin Maria Huber hatte den Unfall beobachtet und alarmierte umgehend den Notarzt, der wenige Minuten später eintraf.

Der Junge erlitt Platzwunden am Kopf und einen Bruch des linken Arms. Am Audi entstand nur geringer Sachschaden. Der rechte Kotflügel war verkratzt.

Die Schülerin hat ihren Bericht so verfasst, dass der Leser den Hergang des Unfalls gut nachvollziehen kann. Sie stellt die Ereignisse in der richtigen Reihenfolge dar und beantwortet dabei alle W-Fragen. Es gelingt ihr, die wesentlichen Informationen aus den Zeugenaussagen herauszufiltern und sie sinnvoll miteinander zu verknüpfen. Auch sprachlich ist das Aufsatzbeispiel einwandfrei.

2 **Schreibe einen Bericht zum abgebildeten Unfall, bei dem du Zeuge warst.**

Kurzinformationen:
- Datum und Uhrzeit: 10. Januar 2010, 7 Uhr 30
- An diesem Morgen herrschten Glatteis und Nebel.
- Die Ampelanlage war ausgeschaltet, da sie defekt war.
- Der Pkw-Fahrer ließ dem Radfahrer die Vorfahrt.

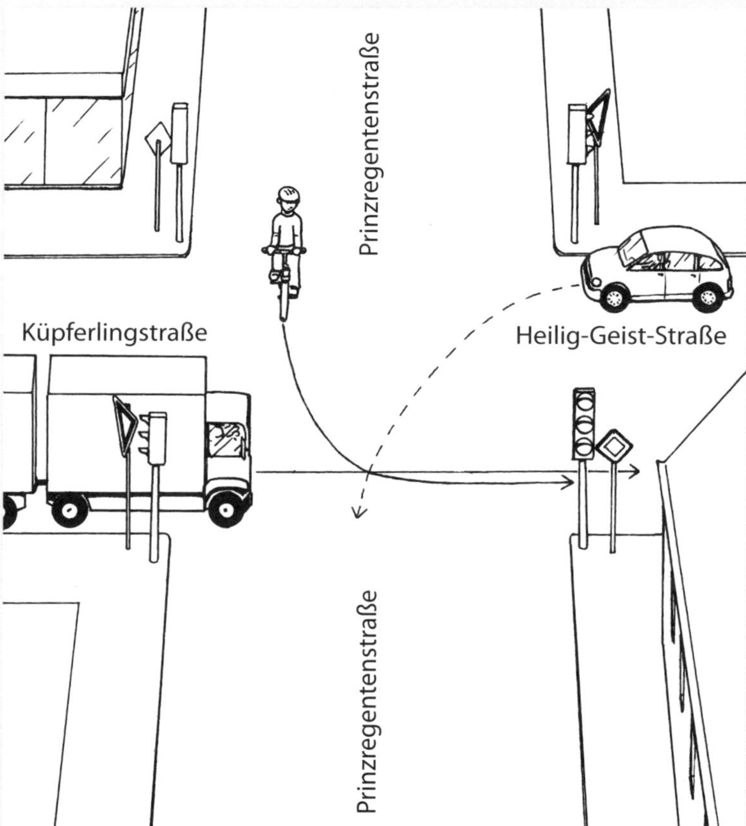

Tipp Sicher ist dir aufgefallen, dass in der Kurzinformation zur Skizze Datum, Uhrzeit, Wetter und die defekte Ampel erwähnt werden. Diese Hinweise sind wichtige Bestandteile des Polizeiprotokolls, weil sie Anhaltspunkte für die Unfallursache geben können. Informationen zu Wetter und Straßenverhältnissen baust du gleich nach dem Einleitungssatz ein.

Beispiel

Am 10. Januar 2010 ereignete sich um 7 Uhr 30 an der Kreuzung Prinzregentenstraße, Heilig-Geist-Straße und Küpferlingstraße in Rosenheim ein schwerer Unfall, an dem ein Pkw-Fahrer, ein Lkw-Fahrer und ein Fahrradfahrer beteiligt waren. Ich, Andrea Fortner, beobachtete das Geschehen als Zeugin von der Prinzregentenstraße (Höhe Gymnasium) aus.

An diesem Tag herrschten schlechte Straßenverhältnisse, da es Nebel und Glatteis gab. Der Räumdienst hatte wieder einmal versagt. Außerdem war die Ampelanlage an der Kreuzung wegen Reparaturarbeiten ausgeschaltet. Ein Radfahrer fuhr auf der vorfahrtsberechtigten Prinzregentenstraße und wollte nach links in die Heilig-Geist-Straße einbiegen. Zur gleichen Zeit näherten sich ein Lkw aus der Küpferlingstraße und der Pkw aus der Heilig-Geist-Straße der Kreuzung. Während der Pkw-Fahrer dem Radfahrer die Vorfahrt ließ, fuhr der Lkw-Fahrer in die Kreuzung ein. Er übersah den Radfahrer und konnte nicht mehr rechtzeitig bremsen. Sie stießen zusammen, wobei der Fahrradfahrer auf die Straße geschleudert wurde.

Der Pkw-Fahrer leistete erste Hilfe, während ich Polizei und Notarzt verständigte. Dazu rannte ich zur Telefonzelle am Gymnasium. Der Radfahrer wurde mit schweren Verletzungen ins Krankenhaus eingeliefert. Am Lkw entstand nur leichter Sachschaden. Das Fahrrad war total kaputt.

3 **Die Verfasserin baut ihren Bericht nach den gelernten Regeln auf. Dennoch gibt es einige Kritikpunkte. Welche sind das?**

Lösungsvorschlag:
Die Bemerkung *Der Räumdienst hatte wieder einmal versagt* ist unsachlich und gehört nicht in den Bericht, zumal es sich um eine persönliche Einschätzung der Verfasserin handelt. In die gleiche Richtung geht die Verwendung des Wortes *ich* (im Satz …, *während ich Polizei und Notarzt verständigte*). Das *Ich* des Berichterstatters darf nicht Bestandteil sachlich-neutraler Informationen sein. Daraus folgt, dass der Satz *Dazu rannte ich zur Telefonzelle am Gymnasium* ebenfalls gestrichen werden muss.

Wenn es im Hauptteil des Berichts heißt: *Sie stießen zusammen*, so bleibt unklar, wer mit wem zusammenstieß. Nur der Radfahrer mit dem Lkw – oder war auch der Pkw in den Zusammenstoß verwickelt?

Am Ende fällt die umgangssprachliche Formulierung *total kaputt* auf. Solche Ausdrücke gehören nicht zur sachlichen Sprache eines Berichts. Besser ist: *Am Fahrrad entstand Totalschaden.*

Schadensmeldung an Polizei oder Versicherung

- Aufbau und Stil einer Schadensmeldung entsprechen dem Unfallbericht (Hinweise zum Unfallbericht siehe Seite 106ff.)
- Achte bei der Themenstellung darauf, ob du die Schadensmeldung für die Polizei oder an eine Versicherung schreiben musst. Der Sachbearbeiter bei der Versicherung muss andere Einzelheiten wissen als der Polizist.

Vorsicht, Falle!

Die sechs häufigsten Fehler, die bei der Schadensmeldung gemacht werden, sind:

- Die W-Fragen sind ungenau, teilweise überhaupt nicht oder falsch beantwortet.
- Es wird beim Inhalt nicht berücksichtigt, an wen die Schadensmeldung gerichtet sein soll (Polizei oder Versicherung). Die beschriebenen Tatsachen müssen dabei möglicherweise unterschiedlich gewichtet werden.
- Persönliche Meinungen werden mit Tatsachen vermischt, obwohl man sich bei der Schadensmeldung auf die objektiven Fakten beschränken muss.
- Die Schadensmeldung enthält unnötige Einzelheiten, die für den eigentlichen Sachverhalt unwichtig sind.
- Sprachliche Gestaltung und Stil des Textes entsprechen nicht der erforderlichen neutralen Ausdrucksweise im Bericht.
- Notwendige Fachbegriffe fehlen.

Aufbau und Stil sind genau so wie beim Unfallbericht. Achte bei der Themenstellung darauf, ob du an die Polizei oder an eine Versicherung schreiben musst. Der Sachbearbeiter bei der Versicherung muss andere Einzelheiten wissen als der Polizist.

Schadensmeldung Polizei

4 **In der Umkleide der Sporthalle wurde neulich deine Jacke beschädigt. Du hast den Täter nur noch von hinten gesehen, als er davonlief. Für die Polizei sollst du jetzt einen Bericht verfassen, in dem sowohl der Tathergang als auch die beschädigte Jacke sehr genau beschrieben werden.**

Tipp Diese Themenstellung verlangt eine Meldung an die Polizei. Daher sollte der Schwerpunkt auf Einzelheiten liegen, die den Tathergang nachvollziehbar machen. Auch sollte so viel wie möglich über den Täter im Bericht stehen.

Beispiel

Am Freitag, den 30. April 2010 gegen 12.00 Uhr wurde in der Umkleidekabine 3 der Turnhalle des Gymnasiums Oberbach meine neue, wertvolle Stoffjacke beschädigt.

Meine Jacke ist aus rotem Wollfilz und auf dem Rücken ist die Aufschrift: Chicago Redbulls aufgenäht. Diese Jacke wurde mir aus Amerika mitgebracht und ist deshalb etwas Besonderes.

Meine Klasse, die 6f, hatte wie jeden Freitag in der 5. und 6. Stunde von 11.15 bis 12.45 Uhr Sportunterricht. Wie immer hatte ich meine Kleidung an einem Garderobenhaken aufgehängt.

Als unsere Klasse unter der Führung von Herrn Ostendorff in unsere unabgesperrte Kabine zurückkam, sah ich gerade noch, wie sich ein Junge, den ich nicht kannte, an meiner Jacke zu schaffen machte. Da er mir den Rücken zukehrte, konnte ich nur erkennen, dass er ungefähr 1,70 m groß war und ein Bayern-München-Sweatshirt trug. Er hatte blonde Stoppelhaare. Mehr konnte ich nicht wahrnehmen, da er schnell aus der Umkleide lief, ohne sich umzudrehen.

Bei der Untersuchung meiner Jacke stellte ich fest, dass sie Brandlöcher am linken Ärmel und Schnitte im Rückenteil hat. Außerdem ist eine Schulternaht aufgerissen. Der Schaden ist nicht zu beheben. Geschätzter Wert der Jacke: 150 Euro.

Der Schüler hat sehr genau beobachtet und gibt der Polizei wichtige Hinweise. Trotz seines sicher vorhandenen Ärgers hat er sachlich formuliert.

Tipp Übrigens: Berichte für Polizei und Versicherung brauchen keine Überschrift.

Schadensmeldung Versicherung

5 **In der Umkleide der Sporthalle hast du neulich eine fremde Jacke beschädigt. Natürlich musst du für den Schaden gerade stehen. Für die Versicherung sollst du jetzt einen Bericht verfassen, in dem sowohl der Vorgang als auch die beschädigte Jacke sehr genau beschrieben werden. Verwende dazu die Briefform!**

Tipp Diese Themenstellung verlangt eine Meldung an die Versicherung. Daher sollten Einzelheiten genannt werden, die auf die genaue Beschreibung der Jacke abzielen. Auch sollte so viel wie möglich über die Beschädigung im Brief stehen. Dazu kommt, dass die Regeln des sachlichen Briefes anzuwenden sind.

Beispiel

Sebastian Müller
Straßfeldring 87
85445 Oberding
08122/959970

Oberding, 12.5. 2010

Sorglos Versicherung
Am Himmelreich 9
84036 Landshut

Schadensmeldung: Beschädigung einer Jacke

Sehr geehrte Damen und Herren,

am Freitag, den 30. April 2010 gegen 12.00 Uhr habe ich in der Umkleidekabine 3 der Turnhalle des Gymnasiums Oberbach die neue wertvolle Stoffjacke meines Klassenkameraden Max Glaser beschädigt.

Die Jacke ist aus rotem Wollfilz und auf dem Rücken ist die Aufschrift: Chicago Redbulls in gelben Buchstaben aufgenäht. Sie ist mit Druckknöpfen zu schließen. Dieses Kleidungsstück wurde meinem Mitschüler aus Amerika mitgebracht und ist deshalb etwas Besonderes.

Zum Hergang:

Meine Klasse, die 6f, hatte wie jeden Freitag in der 5. und 6. Stunde von 11.15 bis 12.45 Uhr Sportunterricht. Wie immer hatten alle Schüler ihre Kleidung an den Garderobenhaken aufgehängt.

Als unsere Klasse in die Kabine zurückkam, sollten wir uns umziehen. Da ich meinen Mitschüler, der sehr stolz auf seine Jacke war, ärgern wollte, zog ich diese vom Haken und wollte sie einem anderen Schüler zuwerfen. Dabei blieb sie an einem Garderobenhaken hängen, und ich riss ein großes Loch in die Aufschrift am Rücken der Jacke. Bei der Untersuchung der Jacke stellte ich auch noch fest, dass eine Schulternaht aufgerissen ist. Der Schaden ist nach Auskunft der Eltern nicht zu beheben. Der geschätzte Wert des Kleidungsstücks beträgt 150 Euro.

Max Glaser besteht darauf, dass er eine neue Jacke bekommt. Ich bitte Sie also, Max die Jacke aus unserer Haftpflichtversicherung zu ersetzen. Vielen Dank für Ihre Bemühungen.

Mit freundlichen Grüßen,

Sebastian Müller

Der Schüler hat sachlich formuliert und den Hergang genau dargestellt. Der Sachbearbeiter bei der Versicherung kann sich ein genaues Bild von den Vorgängen machen. Außerdem wurde die Briefform genau eingehalten und alle gelernten Formeln benutzt.

Bericht für eine Zeitung

- Ein Zeitungsbericht sollte sachlich und informativ sein. Du gehst wie beim Unfallbericht vor und filterst die wichtigen Einzelheiten aus den Zeugenaussagen oder Kurzinformationen.
- Zeitungsberichte bekommen eine Überschrift.

Vorsicht, Falle!

Die sechs häufigsten Fehler, die beim Bericht für eine Zeitung gemacht werden, sind:

- Die W-Fragen sind ungenau, teilweise überhaupt nicht oder falsch beantwortet.
- Der Bericht enthält unnötige Einzelheiten, die für den eigentlichen Sachverhalt unwichtig sind.
- Persönliche Meinungen werden mit Tatsachen vermischt, obwohl man sich beim Zeitungsbericht auf die objektiven Fakten beschränken muss.
- Es wird Spannung aufgebaut, obwohl der Bericht für eine Zeitung den Charakter einer neutralen Nachricht haben muss.
- Die sprachliche Gestaltung des Textes entspricht nicht dem Berichtstil für die Zeitung.
- Die Überschrift über dem Bericht fehlt.

Bericht über ein besonderes Ereignis

6 **Schreibe auf der Grundlage der folgenden Zeugenaussagen einen Zeitungsbericht über den Hurrikan auf der Karibikinsel Santa Lucia (Hauptstadt St. Louis).**

Zeugenaussagen:

- Ich habe noch immer das Gefühl, als würde der Sturm das Haus hin und her rütteln. In meinem Kopf ist alles durcheinander. Diesen Wind werde ich nicht so schnell vergessen. Das könnt ihr mir glauben!

- Du hast Nerven! Du nennst diesen Hurrikan bloß Wind? Das war ein ungeheuer starker Sturm!

- Ist ja gut, ich weiß. Aber hast du eigentlich etwas gemerkt, bevor das Unwetter über unsere Insel hinweggefegt ist?

- Klar! Wir haben schon am Dienstag, das war am 23., nein, am 24. September in den Nachrichten eine Warnung gehört. Natürlich haben wir die Sache zunächst nicht ernst genommen. Später warnte dann auch noch der Wetterdienst über Kurzwelle. Erst blieb noch alles ruhig, obwohl viele Menschen Bedenken hatten. Der letzte Hurrikan hatte vor drei Jahren ziemlich viele Schäden angerichtet.

- Diesmal waren die Leute wenigstens schlau genug und haben Vorkehrungen getroffen. Sie haben alle Fenster und Türen mit Brettern vernagelt.

- Trotzdem wurde die Hälfte aller Häuser in St. Louis beschädigt. Bei den meisten wurden die Dächer abgedeckt.

- Stimmt, die Stadt ist kaum wiederzuerkennen.

- Das ist kein Wunder. Schließlich war es der stärkste Sturm seit zehn Jahren. Er soll einen Durchmesser von fast 200 Kilometern gehabt haben!

- Wann kam denn eigentlich die erste Sturmbö?

- Soweit ich weiß, war das am Mittwoch, etwa gegen Mittag. Der Sturm wurde dann stärker und stärker. Er tobte etwa zehn Stunden. Ich glaubte schon, er würde nie mehr aufhören.

- Man hat Windgeschwindigkeiten von 250 Stundenkilometern gemessen. Da wundert mich nichts mehr!

- Trotzdem sind wir glimpflich davongekommen. Nur einige Menschen wurden leicht verletzt, Tote gab es nicht. Die Schäden an den Häusern sind jedoch enorm. Außerdem sind einige Straßen durch entwurzelte Bäume blockiert, Strom- und Telefonleitungen sind gerissen. Das kann alles repariert werden, auch wenn es lange dauern und viel Geld kosten wird.

Tipp Deine Aufgabe besteht darin, den vorgegebenen Text sorgfältig zu lesen und die teilweise unsachlichen, von Angst geprägten Zeugenaussagen in die sachliche Form eines Zeitungsberichts zu bringen.

Beispiel

Hurrikan über Santa Lucia

Am 25. September fegte ein Hurrikan über die Karibik-Insel Santa Lucia hinweg und richtete dabei erhebliche Schäden an.

Am Vortag waren die Bewohner in den Nachrichtensendungen vor dem Sturm gewarnt worden. Der Wetterdienst hatte über Kurzwelle ähnliche Meldungen verbreitet. Die Einwohner der Hauptstadt St. Louis sicherten daraufhin ihre Häuser und vernagelten die Tür- und Fensteröffnungen mit Brettern. Der Sturm fegte in einer Breite von 200 Kilometern zehn Stunden lang mit Windgeschwindigkeiten von etwa 250 Stundenkilometern über Santa Lucia hinweg. Laut Mitteilung von Augenzeugen war es der stärkste Hurrikan seit zehn Jahren in diesem Gebiet.

Bei der Katastrophe wurden einige Menschen leicht verletzt. Der Sachschaden ist beträchtlich. Viele Häuser wurden beschädigt. Entwurzelte Bäume blockieren nach wie vor die Straßen, Strom-und Telefonleitungen sind gerissen. Die Aufräumarbeiten werden einige Zeit in Anspruch nehmen.

Dieser Zeitungsbericht ist gut gelungen. Nach der Überschrift, die zum Lesen des Textes anregen soll, werden in der Einleitung die wichtigsten Informationen über das Ereignis dargestellt (kurze Beantwortung der Fragen Wann?/Was?/Wo?) sowie die Folgen (erhebliche Schäden) angedeutet.

Der Hauptteil enthält auf informative und gut lesbare Weise, was genau sich auf der Insel abgespielt hat. Der Schluss geht auf die Folgen des Ereignisses ein (Personen- und Sachschäden, Dauer der Aufräumarbeiten).

7 **Wandle die folgende Erzählung in einen Zeitungsbericht um. Ergänze fehlende Angaben sinnvoll und vergiss die Überschrift nicht.**

Dr. Helmut, ein leidenschaftlicher Hobbytaucher, stieg kopfschüttelnd am schönen sonnigen Morgen des 7. Juni 2005 aus dem Wasser. Er blickte sich ein wenig ratlos in der Gegend um, nachdenklich, aber nicht aufgeregt. „Ist was passiert, Vati?" wollte sein Sohn Alexander wissen. „Nein, noch nicht", murmelte Dr. Helmut geistesabwesend. „Du wirst es mir kaum glauben, aber da unten im Bodensee direkt neben der Insel Reichenau liegt im Schlamm – ach, es ist so unsinnig –, aber da liegt ein Krokodil!" – „Ach Vati, du mit deinen Späßen!" lachte Alexander. „Aber es ist wirklich kein Scherz – ich muß sofort die Polizei anrufen." Der bekannte Kinderarzt Dr. Helmut informierte unverzüglich die Seepolizei Konstanz über seine Beobachtung. Zunächst reagierte Polizeioberwachtmeister Schwäbi skeptisch, als er gegen 10 Uhr den ungewöhnlichen Telefonanruf erhielt. Aber er kannte den geschätzten Arzt und glaubte ihm schließlich. Anschließend rief der Polizeibeamte den Städtischen Zoo an. „Hier Seepolizei Konstanz, ich habe eine Frage an Sie – fehlt Ihnen ein Krokodil? Ein großes? Ungefähr drei Meter lang? Das wissen Sie nicht? Na, dann wird das Krokodil wohl aus einem Schweizer Privatzoo stammen. Wissen Sie, es liegt nämlich im See unten, vier Meter tief, und rührt sich nicht!" Nachdem der Zoodirektor noch erklärt hatte, dass ein Krokodil durchaus im kalten Tiefenwasser des Sees überleben könnte, musste die Polizei schnell handeln. „Höchste Alarmstufe", ordnete der Chef der Seepolizei an. Wer würde sich für den gefährlichen Einsatz melden?

Die beiden Froschmänner Heiner Ruh und Friedrich Schwätzer wurden mit langen Stöcken und einer Betäubungsharpune ausgerüstet und sollten sich dem Tier getrennt von beiden Seiten nähern. „Seien Sie vorsichtig!" mahnte der Einsatzleiter. Die beiden Taucher sprangen ins Wasser und schwammen behutsam auf das Tier zu. Immer näher kamen sie. Vorsichtig berührte es Herr Schwätzer mit dem Stock. Doch was war das? Die Krokodilhaut war ganz weich und gab nach! So lange konnte das Tier doch noch gar nicht im Wasser gelegen haben, weder tot noch lebendig! Jetzt sah auch Heiner Ruh genauer hin. Das war doch … Die Taucher brachen die Aktion nach 30 Minuten ab. Als die beiden an Land gestiegen waren und neugierige Zuschauer, Reporter und natürlich auch Herr Schwäbi sie mit Fragen bestürmten, lächelten sie ein wenig mühsam. „Also, das mit dem Krokodil ist so. Es ist schon dort unten, und es ist sogar sehr, sehr groß – aber völlig ungefährlich. Es ist nämlich ... aus Plastik!" Ungläubig nahmen die Zuschauer diese Worte auf, und schließlich begann ein Mann lauthals zu lachen. „Womöglich ein Kinderspielzeug!" Und so war es auch. Zwei Tage nach der Tauchaktion meldete sich das zehnjährige Mädchen Angelika bei der Polizei. „Mir ist mein Krokodil beim Spielen davongeschwommen. Auf einmal war es weg!" sagte das Mädchen aus. „Und weil es schon ein Loch hatte, habe ich es auch nicht mehr lange gesucht. Jetzt habe ich nämlich ein noch schöneres Schwimmtier, einen Ichthyosaurier." Der Polizeioberwachtmeister Schwäbi schüttelte verdutzt den Kopf, nachdem das Mädchen die Dienststelle verlassen hatte. „Hoffentlich gibt's das nächste Mal keine Meldung: Die Dinosaurier kehren zurück!" brummte er gutmütig.

Tipp Dieses Thema erscheint dir vielleicht sehr verlockend, da es spannend und witzig ist. Genau das darf ein Bericht aber nicht sein. Lies beide Aufsatzbeispiele durch und achte besonders darauf, wie die Verfasser mit dieser Schwierigkeit umgehen.

Beispiel 1

Krokodil im Bodensee?

Einen seltsamen Fund machte der bekannte Kinderarzt und Hobbytaucher Dr. Helmut am 7. Juni 2005 im Bodensee. Auf einem seiner Tauchgänge direkt neben der Insel Reichenau glaubte er ein Krokodil gesichtet zu haben.

Dr. Helmut informierte gegen 10 Uhr die Seepolizei Konstanz, dass auf dem Grund des Sees ein Krokodil im Schlamm liege und sich nicht rühre. Ein Polizeibeamter rief daraufhin im Zoo von Konstanz an und erkundigte sich nach einem entlaufenen Krokodil. Da aber alle Tiere sicher verwahrt waren, vermuteten sie, dass das Tier aus einem Schweizer Privatzoo stammte. Die Aussage des Direktors, dass ein großes Krokodil problemlos im kalten Wasser des Sees überleben könnte, bestätigte den Verdacht des Dr. Helmut nur noch.

Zwei Froschmänner, Heiner Ruh und Friedrich Schwätzer, wurden von der Polizei eingesetzt, um der Sache auf den Grund zu gehen. Die spektakuläre Aktion – die Taucher waren mit langen Stöcken und Betäubungsharpunen ausgerüstet – hatte inzwischen viele Schaulustige angezogen. Nach dreißig Minuten mussten die Zuschauer allerdings erleben, wie der Tauchgang erfolglos abgebrochen wurde. Die Taucher erklärten, dass es sich bei dem „gefährlichen" Krokodil um ein Kinderspielzeug aus Plastik handelte.

Die zehnjährige Angelika Lohmann, die Besitzerin des Krokodils, meldete sich zwei Tage später bei der Polizei und bestätigte damit die Beobachtung der Taucher. Ihr war das Schwimmtier beim Spielen abhanden gekommen.

Der Verfasser von Beispiel 1 hält sich streng an die Vorgaben für Berichterstatter. Ihm gelingt ein sachlicher und dabei abwechslungsreich formulierter Aufsatz.

Gelungene Formulierungen sind beispielsweise:
… glaubte er ein Krokodil gesichtet zu haben.

Die spektakuläre Aktion – die Taucher waren mit langen Stöcken und Betäubungsharpunen ausgerüstet – hatte inzwischen viele Schaulustige angezogen.

Ihr war das Schwimmtier beim Spielen abhanden gekommen.

Beispiel 2

Alarmstufe Rot abgebrochen

Vor einigen Tagen machte Dr. Helmut im Bodensee einen erschreckenden Fund. Er hatte im Schlamm ein drei Meter langes Krokodil entdeckt. Er alarmierte unverzüglich die Seepolizei in Konstanz.

Gegen 10 Uhr bekam Oberwachtmeister Schwäbi den Anruf. Die Polizei handelte sofort. Die beiden Taucher Heiner Ruh und Friedrich Schwätzer wurden mit langen Stöcken und einer Betäubungsharpune ausgerüstet. Die beiden sprangen ins Wasser. Vorsichtig näherten sie sich dem Tier getrennt von beiden Seiten. Herr Schwätzer berührte es mit dem Stock. Die Krokodilhaut war weich und gab nach. Die beiden Froschmänner erkannten sofort, dass es sich nur um ein Plastikkrokodil handelte. Sie nahmen das Gummitier an sich und kehrten zur Oberfläche zurück. Die ganze Aktion wurde nach dreißig Minuten abgebrochen.

Als die beiden an Land gestiegen waren, gaben sie bekannt, dass es sich nur um ein großes Plastikkrokodil handelte. Zwei Tage nach der Tauchaktion meldete sich die zehnjährige Angelika beim Polizeiwachtmeister. Dabei kam heraus, dass das Spielzeug dem Mädchen weggeschwommen war. Und da es sowieso schon ein Loch hatte, verschwand es im Wasser. Es wurde keine Strafe verhängt, da niemand die Schuld trug.

Auch der Verfasser von Beispiel 2 bemüht sich um abwechslungsreiche Formulierungen. Im Gegensatz zu Beispiel 1 ist dies jedoch kein Bericht, sondern eine Mischform aus Bericht und Erzählung.

8 **Versuche selbst die Erzählelemente im Beispiel 2 herauszufinden.**

Lösungsvorschlag:
Erzählerische Elemente, die nicht in den Bericht gehören, sind beispielsweise:
Vor einigen Tagen machte Dr. Helmut im Bodensee einen erschreckenden Fund.
Die Polizei handelte sofort.
Die beiden sprangen ins Wasser. Vorsichtig näherten sie sich dem Tier getrennt von beiden Seiten.
Die Krokodilhaut war weich und gab nach.
Und da es sowieso schon ein Loch hatte, verschwand es im Wasser.

Sportbericht

9 **Verfasse für die Schülerzeitung einen Bericht über eine Sportveranstaltung der letzten Zeit, bei der du als Spieler oder Zuschauer dabei warst. Denk an die genauen Angaben und vergiss die Überschrift nicht.**

Beispiel 1

Das Alfelder Basketballteam gewinnt die Schulmeisterschaft

Am 3. Mai 2010 gewann das Alfelder Basketballteam durch einen Sieg im Endspiel gegen die „Hannover Redbulls" die Schulmeisterschaft.

In der örtlichen Sporthalle kam es zur Konfrontation zwischen den „Alfelder Fireballs" und den „Hannover Redbulls". Durch den krankheitsbedingten Ausfall des Centerspielers Nick Steiger bei den „Fireballs" erzielten die „Redbulls" im ersten Viertel viele Punkte. Als im zweiten Viertel auch noch der Alfelder Aufbauspieler Sven Mayer wegen Verletzung das Spielfeld verlassen musste, schien es fast aussichtslos, dass die „Fireballs" das Endspiel gewinnen könnten. Doch im dritten Viertel wechselte die Trainerin Diana Klein den guten Korbschützen Tobias Klewe ein, was sich als geschickter Schachzug erwies. In einer beispiellosen Aufholjagd holten die Alfelder Punkt um Punkt. Mit einem Dreipunktewurf fünf Sekunden vor Ende der Partie führte Tobias Klewe seine Mannschaft zum Sieg.

Der Aufsatz erfüllt alle Kriterien für einen Bericht. Zusätzlich enthält er die Namen der Personen, die am Geschehen entscheidend beteiligt waren. Sehr gut ist die Verwendung von Fachausdrücken aus dem Basketball-Bereich (zum Beispiel *Centerspieler*, *Viertel*, *Korbschütze*) und aus der Sportberichterstattung (zum Beispiel *beispiellose Aufholjagd*, *führte die Mannschaft zum Sieg*).

Lies nun das folgende Beispiel durch und überlege dabei, ob der Text interessant gestaltet ist.

Beispiel 2

Kein guter Anfang

Am 2. Mai 2010 begann die Tennissaison in Erding mit einem Heimspiel für die zweite Mädchenmannschaft gegen Markt Schwaben.

Das erste Mannschaftsspiel der Erdinger ging allerdings nicht so erfolgreich aus wie erhofft. Nach dem ersten Satz stand es bereits schlecht für Caroline Steidl. Sie verlor ihn mit 0:6 und anschließend den zweiten mit 1:6. Anders sah es bei Claudia Bromberger aus. Sie verlor zwar den ersten Satz mit 4:6, holte dann aber im zweiten und dritten Satz auf, sodass es am Ende 4:6, 7:5 und 6:3 für Claudia stand. Sara Kreter, die beste Spielerin der Mannschaft, gewann gegen die 9-jährige Sonja Bauer aus Markt Schwaben in drei Sätzen mit 6:3, 6:7 und 6:2. Bei Julia Prögler, der Mannschaftsführerin, lief es schlechter. Sie verlor den ersten Satz 3:6 und den zweiten 0:6 gegen die 13-jährige Judith Maurer. Das abschließende Doppel verloren die Erdinger ebenfalls mit 5:7 und 0:6.

Trotz der Niederlage werden laut Trainer Herben die Spielerinnen in gleicher Besetzung am 8. Mai das Match gegen Moosinning bestreiten.

Dieser Bericht ist zwar sachlich und objektiv, aber äußerst langweilig. Nun wirst du dich fragen, was die Verfasserin hätte besser machen sollen. Der Fehler liegt in der Wahl der Sportart. Tennisergebnisse haben viel mit Zahlen zu tun und eignen sich eher für eine Auflistung in einer Tabelle. Bei freien Themen solltest du genau über das Ereignis nachdenken, über das du schreiben willst. Ist es wirklich für einen Bericht geeignet?

Beispiel 3 ist ebenfalls nicht besonders gut – aber aus anderen Gründen.
Lies den Text durch und überlege, worin die Schwächen liegen.

Beispiel 3

Ballettaufführung in der Turnhalle

Am vergangenen Freitag fand am Nachmittag in der Turnhalle des Gymnasiums in Selb eine Aufführung der Ballettschule „Arabesque" statt.

Die Ballettlehrerin Gina Hacker aus Marktredwitz gab ihren rund 180 Schülerinnen die Möglichkeit, ihr Können vor einem großen Publikum zur Schau zu stellen. Die Ballerinen aus Selb und Umgebung waren nicht die einzigen Künstlerinnen, auch Mädchen aus Rehau und Hof waren nach Selb gekommen. Die Tänzerinnen stellten ihre Begabung in den klassischen Stilrichtungen sowie im „Free Movement" und im ungarischen Charaktertanz unter Beweis. Die Kleinsten begeisterten das Publikum mit ihren Tänzen und Sprüngen. Die Schülerinnen der Stufe 4 bis 6 erhielten nicht weniger Applaus für ihre Vorführungen. Doch die Profis aus den Stufen 7, 8 und Primary rissen die Zuschauer mit ihren exakt eingeübten Tänzen mit. Am Ende der Aufführung hielt Frau Hacker, die Chefin der Ballettschule „Arabesque", eine Rede, in der sie sich bei der von ihr ausgebildeten Tanzpädagogin, der 20-jährigen Tina Krawitz, bedankte. Sie sagte, dass ohne deren Hilfe die Tänze und Übungen nie so gut gelungen wären. Die Eltern, Geschwister und Verwandten lobten die Schülerinnen mit tobendem Applaus und machten den Kindern dadurch Mut für weitere Aufführungen.

Als Zuschauer kann man die Ballettschule „Arabesque" nur empfehlen. Auch den Jüngeren, die dort anfangen wollen, bietet die Schule der „Royal Dance Academie" nicht nur Spaß, sondern auch gesundes Training für die Wirbelsäule.

☹ ☹ ☹

Dieser Bericht ist nicht gut gelungen. Die Verfasserin beherrscht zwar die Fachsprache, aber sie übertreibt maßlos. In ihrer Begeisterung über die Veranstaltung schreibt sie weniger einen Bericht, sondern einen Werbeartikel für die beteiligte Ballettschule. Das darf nicht passieren.

Bericht über eine Klassenfahrt

10 **Verfasse einen abwechslungsreichen, aber sachlichen Bericht über deinen Aufenthalt im Schullandheim für den Jahresbericht der Schule.**

Tipp Bei solchen Aufträgen hast du eine gewisse Verantwortung. Dein Bericht wird einer breiten Öffentlichkeit zugänglich gemacht. Achte also darauf, was die Leser wirklich interessiert und wie du deine Klasse öffentlich darstellst.

Beispiel 1

5b in Pottenstein

Am Morgen des 30. April 2010 fuhren wir mit dem Bus, begleitet von den Lehrern Herrn Heller und Frau Freilinger, nach Pottenstein in die Fränkische Schweiz.

Sofort nach der Ankunft wurden wir auf unsere Zimmer verteilt, deren Einrichtung im Großen und Ganzen sehr hübsch und komfortabel war. Auch wenn einige nicht ganz zufrieden waren, war das Essen doch gut und reichlich.

Am Nachmittag des ersten Tages erkundeten wir die Altstadt von Pottenstein, einem sehr hübschen und idyllisch gelegenen Städtchen, und spielten Minigolf. Am 1. Mai zeigte uns Herr Heller, wie man ein Fernrohr aus Linsen baut. Wir beobachteten dann die Sonne und fanden heraus, dass diese dunkle Flecken hat. Für den Nachmittag hatten wir Sommerrodeln eingeplant. Doch als wir an der Bahn ankamen, mussten wir feststellen, dass es unmöglich war, bei diesem großen Andrang – es war Feiertag und wunderschönes Wetter – mit einer ganzen Klasse zu rodeln. Einige Jungs vergnügten sich noch mit einem Minibagger, bevor wir unverrichteter Dinge wieder zur Jugendherberge zurückwanderten.

Tags darauf sollte das Versäumte nachgeholt werden. Bereits um 9 Uhr liefen wir, ausgerüstet mit Lunchpaketen, bei herrlichem Wetter los. Der Tag wurde ein voller Erfolg. Wir besuchten die Teufelshöhle, fuhren Tretboot und hatten einen Riesenspaß auf der Rodelbahn. Als wir um 16 Uhr 30 bei unserer Unterkunft ankamen, wollten die meisten nur noch schlafen. Schließlich verbrachten wir aber doch noch einen schönen Abend am Lagerfeuer.

Am Tag vor unserer Abreise ließen wir unsere schulfreie Zeit noch richtig toll ausklingen. Eine Wanderung zur Burg Rabenstein stand auf dem Programm. Wir waren zwar etwas enttäuscht, dass wir sie nicht besichtigen durften, umso interessanter war dann aber die direkt daneben gelegene Falknerei. In einer beeindruckenden Vorstellung erzählte uns ein netter Falkner über seine Tiere sowie über seinen Beruf und bot uns eine perfekte Show. Richtig lustig wurde der Abend, denn die einzelnen Zimmer mussten in verschiedenen Spielen gegeneinander antreten.

Am Abreisetag waren wir alle etwas traurig, denn wir hatten großen Spaß in Pottenstein – und diese Fahrt war außerdem gut für unsere Klassengemeinschaft.

Die Verfasserin schafft es, sachlich zu berichten und doch den Eindruck zu vermitteln, dass die Kinder viel Spaß hatten. Sie stellt den Schullandheimaufenthalt als wertvolle und gelungene Veranstaltung dar und schreibt einen gut lesbaren Bericht, der viele Leser interessieren dürfte.

Nicht so gelungen ist das folgende Beispiel 2. Lies es durch und achte auf die Unterschiede.

Beispiel 2

6a in Kelheim

Der Klassenleiter, Herr Schiener, beschloss, mit uns ins Schullandheim nach Kelheim zu fahren. Wir verließen Wunsiedel am Montag um 8 Uhr. Die Busfahrt war sehr lustig. Wir spielten die ganze Zeit Uno und Vier gewinnt.

Endlich kamen wir um 10 Uhr in Kelheim an. Zuerst durften wir uns im Haus umschauen, dann machten wir gleich einen kleinen Spaziergang zum Marienfels. Die Landschaft war schön, aber sehr bergig. Immer wieder bergauf und bergab! Nach dem Mittagessen mussten wir in schnellem Tempo den steilen Weg zur Befreiungshalle hinauf. Am Abend machten wir Gemeinschaftsspiele. In den Zimmern ging es lustig zu. Ich kann euch sagen, da wurden viele Chips gegessen und große Mengen Cola getrunken. Einigen wurde sogar schlecht dabei, nicht wahr, Manfred …?

Am Dienstag fuhren wir mit dem Bus zur Walhalla. Dort warteten knapp 300 Stufen auf uns, die wir zu Fuß hinauflaufen mussten. Am Nachmittag bekamen wir in Regensburg eine Stadtführung. Ins alte Rathaus gingen wir auch. Dort gab es eine gruselige Folterkammer.

Am Mittwoch fuhren wir zum Schloss Prunn, wo es eine Abschrift des Nibelungenliedes zu sehen gibt. Danach ging es weiter zur Rosenburg. Wir schauten uns dort eine Raubvogelschau an, bei der einige von uns die Köpfe ganz schön einziehen mussten, um nicht von einem Adler oder Geier einen Scheitel gezogen zu bekommen. Von der Tropfsteinhöhle Schulerloch aus wanderten wir wieder zur Jugendherberge zurück.

Zum Kloster Weltenburg ging es am Donnerstag ebenfalls zu Fuß. Nach einer aufregenden Flussüberfahrt in kleinen Kähnen und einem zünftigen Klostermittagessen fuhren wir mit einem Ausflugsschiff nach Kelheim zurück. An diesem Abend gab es noch ein Abschlussfest. Jedes Zimmer musste einen Beitrag dazu liefern und sich etwas Besonderes ausdenken. Da gab es das Gruselkabinett, eine Modenschau, eine Hitparade, ein Quiz und vieles andere zu sehen. Danach wählten wir die „Miss Walhalla". Von jedem Zimmer musste sich dafür jemand schminken lassen. In der letzten Nacht wurde noch einmal in den Zimmern gefeiert. Wir sangen und machten viel Quatsch.

Am Freitag ging es früh am Morgen wieder nach Hause. Manche schliefen im Bus wie die Murmeltiere. Ich glaube, jeder hatte Spaß an dieser Fahrt, sogar die Lehrer.

Dieser Bericht ist recht ordentlich, enthält aber viele Informationen, die zu speziell und daher für unbeteiligte Leser uninteressant sind, zum Beispiel:
In den Zimmern ging es lustig zu. Ich kann euch sagen, da wurden viele Chips gegessen und große Mengen Cola getrunken. Einigen wurde sogar schlecht dabei, nicht wahr, Manfred …?

Der Berichterstatter müsste sich einerseits mit seiner eigenen Person eher im Hintergrund halten und andererseits berücksichtigen, dass sein Text vor allem von Leuten gelesen wird, die nicht am Ausflug beteiligt waren. Anspielungen auf Ereignisse, über die nur die Teilnehmer lachen können, sollte er daher weglassen.

Beispiel 3 ist ein lustiger Text – aber ist das ein Bericht? Lies selbst.

Beispiel 3

Aufenthalt der Klasse 6b im Schullandheim in Wernfels

Hallo, hier bin ich wieder! Hugo, das Burggespenst aus Wernfels. Ich muss euch unbedingt erzählen, dass vor Kurzem eine Klasse aus Wunsiedel bei uns in der Burg war.

Sie kamen am Montag gegen Mittag an. Da mussten alle erst einmal ihre Koffer den Berg hinaufschleppen, weil der Bus die Steigung nicht schaffte. Ein paar Kindern teilte man die Zimmer im Haupthaus zu, andere wurden im Torhaus untergebracht. Nachdem sie ausgepackt und sich gestärkt hatten, ging es am Nachmittag auf zu einer Wanderung ins Dorf. Vorher mussten sie natürlich noch ihre Betten überziehen. Das war ein Spaß! Nicht für die Kinder, aber für mich beim Zuschauen. Als sie von ihrer Wanderung zurückkamen, ging es schon aufs Abendessen zu.

Der Speisesaal für die 6b war die Bischofsstube. Nach dem Abendessen schauten sie sich in ihrem Gemeinschaftsraum, der Markgrafenstube, Dias über die Burg an. Dort wurde dann auch die Sage von einer weißen Frau, die seit Jahrhunderten in der Burg herumgeistert, erzählt. Als ob ich, Hugo von Wernfels, eine weiße Frau wäre! Am nächsten Tag ging es nach dem Frühstück mit dem Bus nach Rothenburg. Da konnte ich leider nicht mit, obwohl das genau das Richtige für mich gewesen wäre. So schöne alte Häuser und Gemäuer! Am Abend erzählten die Kinder sich dann, dass es eine interessante Stadtführung gewesen sei, genau wie der Besuch im Kriminalmuseum.

Am Mittwoch stand ein Tischtennisturnier an, das ich natürlich gespannt verfolgte. Nachmittags gingen die Kinder wieder wandern, da blieb ich lieber zu Hause. Am Abend durfte das Grillen nicht fehlen. Spiele im Gemeinschaftsraum bildeten den Abschluss. Begleitet wurden sie übrigens von einem Herrn Spörl und einer Frau Lunghart. Schaut doch auch mal auf Burg Wernfels vorbei, um mich zu besuchen!

Sicher hast du beim Lesen oft gelacht. Aber genau darin besteht das Problem: Der Text ist kein Bericht, sondern eine lustige Fantasiegeschichte. Es ist klar, dass du in einem Bericht kein Schlossgespenst erfinden darfst.

E Beschreibung

Was muss ich über die Beschreibung wissen?

- Beschreibungen gehören zu den sachlichen Textarten. Vieles, was du vom Bericht weißt (siehe die Infos zum Bericht auf Seite 105f.), gilt auch hier.
- Die Hauptform ist die Vorgangsbeschreibung. Dazu gehören zum Beispiel Bastel- und Kochanleitungen, Anleitungen zur Tierpflege, Gebrauchs- oder Spielanleitungen.
- Anders als beim Bericht, der von einem einmaligen Ereignis handelt, geht es bei der (Vorgangs-)Beschreibung um einen wiederholbaren Vorgang.
- Im Aufsatz musst du die Reihenfolge der einzelnen Schritte einhalten und auf ihre Vollständigkeit achten, damit der Vorgang auf der Basis deiner Beschreibung von jedem Leser wiederholt werden kann.
- Nenne alle für den Vorgang notwendigen Werkzeuge, Utensilien und/oder Zutaten.
- Schreibe im Sachstil und beschreibe den Vorgang so genau wie möglich.
- Überlege dir treffende Verknüpfungen der einzelnen Vorgänge.
- Verwende – entsprechend dem Thema – passende Fachausdrücke.
- Die grammatische Zeit für die Vorgangsbeschreibung ist das Präsens. Es drückt nicht nur Vorgänge aus, die gerade passieren, sondern es ist auch die Zeitstufe, mit deren Hilfe allgemein Gültiges beschrieben wird.

Wegbeschreibung

Vorsicht, Falle!

Die sechs häufigsten Fehler, die bei der Wegbeschreibung gemacht werden, sind:

- Die genaue Reihenfolge des Wegs vom Start bis zum Zielpunkt wird nicht eingehalten.
- Die Streckenbeschreibung ist unvollständig, sodass dem Leser wichtige Informationen fehlen, um den kompletten Weg selbst gehen zu können.
- Der Text ist nicht im Sachstil, sondern erzählend geschrieben.
- Der Aufsatz ist nicht in Absätze unterteilt.
- Die Sätze sehen alle gleich aus, weil Wortwahl und Satzbau sich sehr ähneln. Abwechslungsreiche Adjektive und Verben sowie Variationen beim Satzbau machen eine Wegbeschreibung anschaulich.
- Es wird oft vergessen, dass das Präsens die richtige Zeitform für die Vorgangsbeschreibung ist.

Mein täglicher Schulweg

1 Verfasse eine gut nachvollziehbare Beschreibung des Wegs, den du täglich zur Schule zurücklegst.

Tipp Da du deinen Schulweg sicher sehr gut kennst, musst du besonders darauf achten, dass du nichts für selbstverständlich nimmst und Orientierungspunkte angibst.

Beispiel

Mein täglicher Schulweg

Jeden Morgen fahre ich mit meinem Fahrrad in die Schule. Ich wohne in der Krankenhausstraße 18. Nachdem ich mein Fahrrad aus der Garage geholt habe, radle ich los.

Zuerst führt mich mein Weg nach rechts in die Krankenhausstraße. An dem Punkt, an dem die Straße sich verzweigt, fahre ich wieder rechts und lasse das Rad unter leichtem Bremsen den kleinen Berg hinunterrollen. Unten angekommen schaue ich, ob ein Auto auf der Mainzer Straße kommt. Wenn dies nicht der Fall ist, überquere ich sie und biege nach links in den Radweg ein, der an der Mainzer Straße entlangführt. Dieser Radweg führt zur Münchner Straße, die ich an der Fußgängerampel überquere, um in den Kurpark zu gelangen. Ich durchquere den Kurpark und halte mich immer rechts, bis ich zu den Bahngleisen komme. Danach fahre ich entlang der Bahngleise und überquere dabei die Lindenstraße. Am Bahnhof mündet die Straße in einen schmalen, mit Kies bedeckten Weg, der ebenfalls parallel zu den Gleisen verläuft. Am Ende des Weges treffe ich auf die Westendstraße. Hier biege ich rechts ab und fahre bis zur Gymnasiumstraße weiter, die ich nach etwa 500 Metern auf der linken Seite erreiche. Ich fahre noch wenige Meter bis zum Fahrradkeller der Schule, wo ich mein Rad abstelle.

So gelange ich jeden Tag zur Schule und in umgekehrter Richtung nach Hause zurück.

☺ ☺ ☺

Der Aufsatz ist sehr gut gelungen. Der Verfasser nennt alle wichtigen Straßen, Plätze und Richtungen, sodass der Weg gut nachvollziehbar ist. Auch hinsichtlich Ausdruck und Sprache ist das Beispiel einwandfrei.

Tipp Der Verfasser schreibt in der Ich-Form; er dürfte aber auch die unpersönliche Form mit *man* verwenden.

Bastelanleitung

- Beim Schreiben einer Bastelanleitung ist es hilfreich, sich einen Leser vorzustellen, der keine Ahnung von der Herstellung des gewünschten Gegenstandes hat.
- Deine Beschreibung muss so gestaltet sein, dass der Vorgang auch bei einem unbegabten Bastelanfänger klappt und am Ende nicht ein ganz anderes Ergebnis herauskommt.

Vorsicht, Falle!

Die sechs häufigsten Fehler, die bei der Bastelanleitung gemacht werden, sind:

- Es werden nicht alle Materialien und Hilfsmittel genannt, die zum Basteln des Gegenstands erforderlich sind.
- Die einzelnen Bastelschritte werden nicht in der richtigen Reihenfolge oder unvollständig beschrieben.
- Der Text ist nicht im Sachstil, sondern erzählend geschrieben.
- Der Aufsatz ist nicht in Absätze unterteilt; oft fehlen auch Einleitung oder Schluss.
- Die Sätze sehen alle gleich aus, weil Wortwahl und Satzbau sich sehr ähneln. Abwechslungsreiche Adjektive und Verben sowie Variationen beim Satzbau machen eine Bastelanleitung anschaulich.
- Die Bastelanleitung ist eine Vorgangsbeschreibung – somit gilt als richtige grammatische Zeitform das Präsens. Das wird oft vergessen.

Basteln eines Geschenks

2 **Überlege dir ein Geschenk und beschreibe genau, wie du es bastelst. Vergiss nicht, verwendete Werkzeuge und Materialien zu nennen.**

Beispiel 1

Ich bastle ein Trockenblumengesteck

Da ich Blumen sehr gern mag, möchte ich mich auch im Winter daran erfreuen. Mit etwas Fantasie bastle ich im Herbst ein Trockenblumengesteck.

Ich benötige dazu ein beliebiges keramisches Gefäß. Wichtig ist, dass es stabil genug ist und nicht so leicht umkippen kann. Weiterhin sollte man Blumensteckmoos, Steckdraht, Schere und natürlich die im Sommer getrockneten Blumen vorbereitet haben. Besonders eignen sich Kornblumen, Meereslavendel, Mahonie und alle Arten von Gräsern. Die ausgewählten Blumen platziere ich lose gebündelt neben dem Gefäß, damit ich sie beim Stecken griffbereit habe.

Zunächst schneide ich ein großes Stück Blumensteckmoos aus. Ich muss es so schneiden, dass es in das Gefäß passt und noch zwei Zentimeter über den Rand hinausragt. Bei Blumen mit einem dünnen oder biegsamen Stiel ist es angebracht, sie mit Steckdraht zu umwickeln. Sie sind dann stabiler und halten besser im Moos. Anschließend schneide ich alle Stiele ungefähr vier Zentimeter unterhalb des Blütenkopfs ab. So haben die Pflanzen die gleiche Länge, was am fertigen Strauß schöner wirkt. Beim Stecken achte ich darauf, dass kein Steckmoos, Draht oder Stiel mehr zu sehen ist. Lücken dürfen auch nicht entstehen.

Das fertige Trockenblumengesteck eignet sich gut als Geschenk für Mütter, Tanten und Großmütter – oder für mich selbst.

Das ist ein guter Aufsatz. In der Einleitung gibt die Verfasserin einen Hinweis auf den Anlass des Bastelns. Das greift sie am Schluss wieder auf und nennt den Verwendungszweck für das Geschenk. Im Hauptteil werden zuerst Materialien und Werkzeuge erwähnt. Danach folgen die einzelnen Arbeitsschritte in der richtigen Reihenfolge.

Lies jetzt das zweite Beispiel. Vergleiche es mit dem ersten und achte auf die Unterschiede.

Beispiel 2

Ich bastle einen Drachen

Zum Herbstanfang bastle ich einen Drachen. Da ich schon einen habe, bekommt diesen mein bester Freund.

Ich richte zwei Holzstäbe her; der eine sollte 85, der andere 50 Zentimeter lang sein. Dann benötige ich noch eine Schere, ein Lineal, einen Quadratmeter Pergamentpapier, eine vier Meter lange Schnur und ein 100 Meter langes Nylonseil.

Zuerst nehme ich die beiden Stöcke und das Lineal. Vom längeren Stab messe ich mit dem Lineal 20 Zentimeter ab und markiere die Stelle. Anschließend klebe ich den kürzeren Stab mit der Mitte auf die markierte Stelle. Dies befestige ich noch mit der Schnur, indem ich sie mehrmals um den geklebten Punkt wickle. Die beiden Stäbe müssen ein Kreuz ergeben.

Nach einer Wartezeit von ein paar Minuten – der Kleber muss erst trocknen – kerbe ich die Enden der beiden Stöcke mit einem kleinen Messer ein, sodass ich die Schnur ohne große Probleme um das Kreuz herum spannen kann.

Dann schneide ich mit der Schere die Drachenform aus dem Pergamentpapier aus. Dabei lasse ich zwei Zentimeter überstehen, damit ich nachher das Papier besser am Drachengerüst befestigen kann. Anschließend schlage ich das Papier über die Schnur und klebe es ebenfalls fest. Dann bringe ich die Waage und den Schwanz am Drachen an. Für den Schwanz benötige ich die restliche Schnur, in die ich Pergamentstreifen einknote und am Ende des Drachens befestige. Zum Schluss bringe ich das Nylonseil als Halteleine an der Waage an.

Auch dieser Aufsatz ist gut – aber nur, wenn du bereits ein Experte im Drachenbauen bist. Dann wird es dir nicht schwer fallen, nach dieser Anweisung vorzugehen. Wenn du aber beispielsweise nicht weißt, was in diesem Zusammenhang eine Waage ist, hast du ein Problem. Besser wäre es gewesen zu schreiben: *Für die Waage brauche ich zwei Schnüre, die ich jeweils am Anfang und am Ende der Stäbe so befestige, dass sie sich überkreuzen.* Außerdem hat der Verfasser nicht alle Materialien und Werkzeuge genannt: Dass man einen Kleber und ein kleines

Messer braucht, war für ihn als Bastler klar. Du musst die Anleitung jedoch für einen Laien schreiben – nicht für einen erfahrenen Heimwerker – und daher das gesamte Material deutlich nennen.

Beispiel 3 hat viele sprachliche Schwächen. Lies den Text durch und achte vor allem auf den Sinn der Sätze.

Beispiel 3

Ich bastle einen Kalender als Weihnachtsgeschenk

Zu Weihnachten will ich meinem Vater einen Kalender schenken. Es soll ein von mir gestalteter Kalender sein. Die Vordrucke mit den Monaten kann ich im Schreibwarengeschäft kaufen. Zum Gestalten verwende ich Farbstifte, Fotos, gepresste Blätter und Postkarten.

Zuerst bemale ich die Vorderseite des Kalenders und schreibe dazu, dass ich ihm „Frohe Weihnachten" wünsche. Nun folgen die Monate. Ich bemale jedes Blatt mit einem zum Monat passenden Bild. Beim Januar ist es ein mit Schnee bedeckter Baum. Im Februar ist Karneval, also male ich eine verkleidete Person mit Luftschlangen und Konfetti. Der März bringt etwas Grün hervor, deshalb male ich Krokusse und Narzissen. „Der April macht, was er will", sagt ein Sprichwort, deshalb male ich Regen und Sonne mit einem Regenbogen. Der Mai ist der Monat, in dem geheiratet wird. Da klebe ich ein Foto von der Hochzeit meiner Eltern hinein, das ich von meiner Mutter bekommen habe.

Die Sommermonate Juni, Juli, August verschönere ich mit Sommerfotos. Zum September passt eine Geburtstagstorte, die ich male, weil da mein Vater Geburtstag hat. Der Oktober besitzt rotes, braunes und gelbes Laub. Da klebe ich getrocknete Blätter ein. Der November ist meist neblig, dort klebe ich ein trübes, graues Gemälde ein. Im Dezember ist Weihnachten; das wird mit einem geschmückten Baum und vielen Geschenken und Gebäck gefeiert. Das male ich auf das Blatt vom Dezember.

Der Kalender ist fertig und wird noch eingepackt. Jetzt muss ich mir nur noch Geschenke für meine Mutter und meine Schwester überlegen.

☹ ☹ ☹

Die Verfasserin hat zwar eine gute Idee, kann sie aber sprachlich nicht entsprechend umsetzen.

Zuerst bemale ich die Vorderseite des Kalenders und schreibe dazu, dass ich ihm „Frohe Weihnachten" wünsche. – Das Wort *ihm* bezieht der Leser zunächst auf den Kalender. Natürlich will die Verfasserin nicht dem Kalender „Frohe Weihnachten" wünschen, sondern ihrem Vater.

Der März bringt etwas Grün hervor – Das ist ungeschickt formuliert, denn gemeint sind die Pflanzen.

Der Mai ist der Monat, in dem geheiratet wird. Da klebe ich ein Foto von der Hochzeit meiner Eltern hinein – Hast du schon einmal ein Foto in den Mai geklebt? Ähnlich falsche Bezüge kommen in diesem Aufsatz mehrmals vor.

Der eigentliche Bastelvorgang wird nicht ausführlich genug beschrieben. Im Vordergrund stehen die Überlegungen der Verfasserin zu den einzelnen Monaten und Jahreszeiten. Der Vorgang kann aufgrund der Darstellung nicht nachgemacht werden. Es hätte genügt, die Gestaltung eines Monatsblatts beispielhaft zu beschreiben.

Verpacken eines Geschenks – Basteln einer Karte

3 **Verfasse zu diesem Thema eine sachliche und genaue Vorgangsbeschreibung.**

Tipp Die Aufgabe ist zweiteilig. Zunächst beschreibst du das Verpacken eines Geschenks. Hierbei hast du alle Freiheiten, denn Geschenke gibt es in vielen Formen. Im zweiten Schritt geht es um die Karte zum Geschenk. Achte darauf, dass eine Karte nicht nur beschriftet, sondern auch gestaltet werden muss.

Beispiel 1

Wie ich ein Geschenk verpacke und eine Karte dazu bastle

Wenn ich zu einer Geburtstagsfeier eingeladen bin, darf ich das Geschenk und die Glückwunschkarte nicht vergessen.

Zunächst kaufe ich einen Bogen Geschenkpapier im Schreibwarenladen. Natürlich kann man statt des gekauften Papiers auch kleinere Poster oder schöne Seiten aus einer Zeitschrift verwenden. Außerdem brauche ich Schere und Tesafilm, ein farbiges Blatt Papier, Stifte und Geschenkbänder.

Nun kann ich mit dem eigentlichen Verpacken beginnen. Das Geschenk, in meinem Fall ist es ein Buch, wird ungefähr in die Mitte des Papierbogens gestellt. Jetzt wickelt man es so ein, dass es vollständig umhüllt ist und der Rand des Papiers sich in der Mitte des Buches befindet. Diesen Rand klebt man mit einem kurzen Stück Tesafilm fest. An der oberen und unteren Kante des Buches sollten jeweils fünf Zentimeter Papier überstehen. Zuerst wird der obere Teil des Geschenkpapiers eingeklappt, danach werden die Ecken, die rechts und links entstanden sind, nach innen gedrückt und schließlich der unten noch überstehende Teil nach oben gezogen und festgeklebt. Wenn man möchte, kann man das Päckchen mit einer Schleife aus Geschenkband verzieren.

Persönlicher ist es, wenn man zusätzlich zum Geschenk eine Karte bastelt. Dafür nehme ich ein farbiges Blatt in der Größe DIN A 4, falte es genau in der Mitte und schreibe den Anlass auf die Vorderseite außen und einen Geburtstagswunsch innen auf die Karte. Die Karte kann mit Zeichnungen, Klebebildern oder einem Stück Geschenkband verziert werden.

Die Karte klebe ich auf die Geschenkverpackung oder schiebe sie unter die Schleife. Das Geschenk mit Glückwunschkarte ist fertig.

Ein guter Aufsatz – wenn du nach dieser Beschreibung vorgehst, kann nichts schief gehen. Sie ist äußerst genau und berücksichtigt auch kleinste Zwischenschritte. Beachte auch, wie abwechslungsreich der Verfasser seine Sätze miteinander verknüpft.

Ganz anders ist Beispiel 2 formuliert. Lies den Text durch und beurteile selbst, ob es sich dabei um eine brauchbare Vorgangsbeschreibung handelt.

Beispiel 2

Wie ich ein Geschenk verpacke und eine Karte dazu bastle

Hat Ihre beste Freundin Geburtstag und Sie haben noch keine Idee für eine originelle Geschenkverpackung? Dann kann ich Ihnen helfen. Sie brauchen dazu: das Geschenk – ich nehme eine Flasche Sekt –, eine weiße, in der Mitte geknickte Karte, Geschenkpapier, Geschenkband, einen Goldstift, Ölfarben und Kräuter oder getrocknete Blumen.

Sie nehmen das Geschenk und legen es auf das Geschenkpapier, das möglichst fröhliche Farben haben sollte. Wickeln Sie das Papier so um das Geschenk, dass es keine Falten wirft, und klappen Sie das Papier unten um den Boden der Flasche. Dann können Sie die Flasche stellen und das Papier am Flaschenhals mit einem Geschenkband fixieren. Ich habe gerade Papier mit goldenen Sternen zur Hand, also nehme ich auch ein goldenes Geschenkband. Die Enden kräusle ich, indem ich sie straff über die Schneide einer Schere ziehe. Ein wunderbares Geschenk! Als Verzierung binden Sie ein kleines Blumensträußchen, das aus getrocknetem Lavendel oder Rosen besteht. Wenn Sie Öl oder Essig verschenken, bieten sich Rosmarin und Salbei an. Das Sträußchen stecken Sie unter die Schleife am Flaschenhals.

Zur Karte: Sie bemalen sie auf der linken Innenseite mit bunten Ölfarben. Ist die Farbe getrocknet, schreiben Sie die Glückwünsche auf die rechte Seite. Eine originelle Idee ist es, mit einem goldfarbenen Stift zu schreiben. Vorne auf die Karte können Sie zum Beispiel ein getrocknetes Kleeblatt kleben.

Fertig! Gefällt Ihnen das Geschenk? Dann möchte ich Ihnen noch einen Tipp geben: Entfernen Sie die Dornen von den Rosen, damit man sich nicht sticht. Zum Schluss wünsche ich Ihnen und dem Geburtstagskind viel Spaß mit dem Geschenk! Ihre Stefanie R.

Die Verfasserin kann zwar äußerst anschaulich formulieren, eine Vorgangsbeschreibung ist dieser Text jedoch nicht – eher der Beitrag für eine Frauenzeitschrift. Die Anrede *Sie* ist unpassend, weil der Leser nicht angesprochen werden soll. Anfangs geht es um eine Flasche Sekt, die verpackt werden soll, während später auch noch Tipps für Essig und Öl gegeben werden. Du solltest in deinem Aufsatz nur ein einziges Geschenk wählen. Bei den Materialien fehlt der Hinweis auf die Schere, mit der das Geschenkband gekräuselt wird. Das Herausstellen der eigenen Leistung (*Ein wunderbares Geschenk!*) ist ebenso unpassend wie der letzte Absatz mit der Unterschrift der Verfasserin.

Anleitung zur Tierpflege

Eine Untergruppe der Vorgangsbeschreibung ist die Anleitung zur Tierpflege. Sie folgt den gleichen Regeln, handelt aber vom Umgang mit Lebewesen. Daher muss das beschriebene Tier in seinen Eigenschaften charakterisiert werden.

Vorsicht, Falle!

Die sechs häufigsten Fehler, die bei der Anleitung zur Tierpflege gemacht werden, sind:

- Für den Aufsatz wird ein Tier gewählt, das man zu wenig kennt, um eine Anleitung für seine Pflege schreiben zu können.
- Neben der Pflege des entsprechenden Tiers musst du auch seine Verhaltensweisen gut kennen. Das solltest du beachten.
- Der Text ist nicht im Sachstil, sondern erzählend geschrieben. Das ist ein Fehler.
- Der Aufsatz ist nicht in Absätze unterteilt; oft fehlen auch Einleitung oder Schluss.
- Die Sätze sehen alle gleich aus, weil Wortwahl und Satzbau sich sehr ähneln. Abwechslungsreiche Adjektive und Verben sowie Variationen beim Satzbau machen deinen Aufsatz anschaulich.
- Die Anleitung zur Tierpflege ist eine Vorgangsbeschreibung – somit gilt als richtige grammatische Zeitform das Präsens. Das wird oft vergessen.

Wie man sich richtig um ein Haustier kümmert

4 **Wähle ein dir gut bekanntes Tier aus und beschreibe seine Haltung und Pflege.**

Beispiel

Wie man sich richtig um ein Meerschweinchen kümmert

Viele Kinder möchten gern ein Haustier haben, zum Beispiel ein Meerschweinchen. Jeder sollte über Haltung und Pflege seines Tiers genau Bescheid wissen. Wie man ein Meerschweinchen richtig pflegt, wird hier erklärt.

Das Meerschweinchen braucht einen ausreichend großen Käfig, der mit einer Trinkflasche und einem kleinen Häuschen ausgestattet ist. Die Trinkflasche füllt man täglich auf, sodass das Tier immer sauberes Wasser bekommt. Den Käfig sollte man alle drei Tage komplett reinigen sowie Sägemehl und Stroh als Bodenbelag einstreuen. Während der Käfigreinigung lasse ich das Tier in einem Freigehege laufen. Da Meerschweinchen sehr erkältungsanfällig sind und daran sterben können, brauchen sie unbedingt eine kleine Hütte. Tagsüber schlafen sie darin. Die Fütterung erfolgt zweimal am Tag – am Morgen und am Abend – mit etwas Grünzeug, zum Beispiel Salat, Gemüse, Obst oder Gras. Heu sollte im Käfig immer vorhanden sein.

Ein Meerschweinchen braucht viel Zuwendung, damit es nicht träge und lustlos wird. Man sollte also jeden Tag eine halbe Stunde mit ihm spielen, es streicheln oder mit kleinen Leckerbissen locken. Wenn man das Tier auf den Arm nehmen will, sollte man es vorsichtig unter dem Bauch packen. Sobald es versucht zu beißen, will es nicht mehr herumgetragen werden. Dies sollte man respektieren.

Wenn man diese Anleitung befolgt, kann man viel Freude mit seinem Haustier haben. Übrigens: Meerschweinchen sind sehr gesellige Tiere. Man sollte also darüber nachdenken, ob man nicht gleich zwei anschafft.

Die Verfasserin geht den richtigen Weg: In der Einleitung gibt sie zunächst den Zweck ihrer Beschreibung an. Danach geht sie auf die äußeren Lebensbedingungen, auf Ess- und Trinkgewohnheiten sowie auf wichtige Besonderheiten des Meerschweinchens ein. Zum Schluss gibt sie weiterführende Tipps zur artgerechten Haltung. Das ist ein rundum gelungener Aufsatz.

Kochanleitung

Eine Kochanleitung ist im Gegensatz zum Kochrezept etwas ausführlicher zu formulieren, da beim Leser keine Kenntnisse im Kochen und Backen vorausgesetzt werden dürfen.

Vorsicht, Falle!

Die sechs häufigsten Fehler, die bei der Kochanleitung gemacht werden, sind:

- Wichtige Zutaten und Hilfsmittel (zum Beispiel Küchenutensilien) werden vergessen.
- Die Anleitung ist nicht komplett; oft fehlt die Erwähnung entscheidender Zwischenschritte.
- Der Aufsatzschreiber berücksichtigt nicht, dass eine Anleitung – im Gegensatz zum Rezept – für Nichtspezialisten geschrieben werden soll. Das bedeutet: Der Verfasser muss davon ausgehen, dass der Leser keine Vorkenntnisse mitbringt.
- Der Text ist nicht im Sachstil, sondern erzählend geschrieben.
- Die Sätze sehen alle gleich aus, weil Wortwahl und Satzbau sich sehr ähneln. Abwechslungsreiche Adjektive und Verben sowie Variationen beim Satzbau machen deinen Aufsatz anschaulich.
- Die Kochanleitung ist eine Vorgangsbeschreibung – somit gilt als richtige grammatische Zeitform das Präsens.

Ich backe meinen Lieblingskuchen

5 **Beschreibe genau alle Zutaten und Arbeitsschritte, die für die Herstellung deines Lieblingskuchens notwendig sind.**

Beispiel

Ich backe einen Apfelkuchen

Heute backe ich für meine Mutter einen Apfelkuchen. Als Hilfsmittel brauche ich eine Schüssel, eine Springform, einen Backpinsel, einen Messbecher, ein Backbrett, ein Sieb, einen Topf, eine Waage und einen Teigrührer. Als Zutaten sind Margarine, ein Ei, Zucker, Vanillezucker, Mehl, Backpulver und Äpfel erforderlich.

Bevor man den Teig herstellt, schneidet man drei mittelgroße Äpfel in kleine Scheibchen, die man mit ganz wenig Wasser etwa zehn Minuten im Topf andünstet. Inzwischen stellt man die Schüssel auf die Waage und gibt 150 Gramm Margarine hinein. Den Messbecher füllt man danach bis zur Markierung bei 150 Gramm mit Zucker auf und schüttet den Inhalt, der mit einem Päckchen Vanillezucker gemischt wird, in die Schüssel. Dazu kommt ein Ei. Nun wird alles sorgfältig verrührt. Wenn das geschehen ist, siebt man 250 Gramm Mehl und zwei Teelöffel Backpulver in den Teig, der nur kurz vermischt wird. Nun kann man die Äpfel vom Herd nehmen und sie abkühlen lassen. Anschließend fettet man die Kuchenform mit Margarine aus und mehlt das Backbrett ein. Man gibt den Teig darauf und knetet ihn kräftig durch. Danach wird ein Drittel abgestochen und beiseite gelegt. Der Ofen muss nun auf 170 Grad vorgeheizt werden.

Der größere Teil des Teiges wird ausgerollt und als Boden in die Form gelegt. Wichtig ist dabei, die Ränder hoch zu ziehen. Auf dem Boden verteilt man die Apfelscheiben. Der restliche Teig wird ausgerollt und als Decke über die Apfelscheiben gelegt. Nun stellt man den Kuchen in den Backofen. Die Backzeit beträgt 40 bis 50 Minuten.

Natürlich muss man zum Schluss abspülen und die Küche wieder aufräumen, aber der Kuchen ist das wert.

Diese Anleitung funktioniert bestens – wir haben es ausprobiert. Die Verfasserin stellt die Abfolge der Arbeitsschritte sehr durchdacht dar und gibt genaue Anweisungen zur Zeiteinteilung. Achte besonders auf die Angaben wie *bevor*, *inzwischen*, *wenn das geschehen ist*, *nun* oder *danach*. Alle Hilfsmittel und Zutaten werden in der genauen Menge genannt. Auch die sprachliche Gestaltung (abwechslungsreiche Wortwahl und variabler Satzbau) ist sehr gut gelungen.

Wie ich Spaghetti koche und mir eine Soße dazu überlege

6 **Verfasse zu diesem Thema eine sachliche und genaue Kochanleitung.**

Beispiel 1

Wie ich Spaghetti koche und mir eine Soße dazu überlege

Nach einem anstrengenden Schultag koche ich mir manchmal etwas Leckeres. Am liebsten esse ich Spaghetti. An Geräten benötige ich einen großen Topf, einen Kochlöffel und ein Nudelsieb. Die Zutaten sind eine 500-Gramm-Packung Spaghetti, Wasser und Salz.

Zuerst hole ich die Nudeln und das Salz aus dem Vorratsschrank. Aus dem Topffach nehme ich einen hohen Suppentopf heraus und fülle ihn zu drei Vierteln mit Wasser. Nun stelle ich den Topf auf den Herd, schalte auf Stufe 7 und warte, bis das Wasser kocht. Wenn es anfängt zu brodeln, gebe ich einen Löffel Salz hinein. Danach öffne ich die Nudelpackung, nehme die Spaghetti heraus und lege sie vorsichtig in den Topf. Lange Spaghetti passen meist nicht ganz in den Topf und müssen mit dem Kochlöffel nach unten gedrückt werden. Man sollte keinen Deckel auf den Topf legen, damit das Wasser nicht überkocht. Nun warte ich etwa zwölf Minuten und probiere dann eine Nudel, ob sie schon weich ist. Wenn ja, nehme ich den Topf mit dem Topflappen und schütte das Wasser mit den Nudeln ins Sieb, das im Abwaschbecken steht. Anschließend stelle ich das Sieb mit den Spaghetti zum Abtropfen in den jetzt leeren Topf und lege den Deckel darüber, damit die Nudeln nicht kalt werden. Natürlich muss ich darauf achten, dass die Herdplatte ausgeschaltet ist.

Zum Schluss decke ich den Tisch und stelle das Ketchup dazu. Man kann auch Tomatensoße, Hackfleischsoße oder Eier-Schinken-Soße dazu essen. Nun muss ich nur noch auf meine Mutter und meinen Bruder warten, dann können wir es uns schmecken lassen.

Die Verfasserin schreibt knapp und klar. Sie nennt alle notwendigen Zutaten und Gerätschaften. Die Arbeitsgänge werden in der richtigen Reihenfolge beschrieben. Sogar auf Schwierigkeiten und Gefahren wird hingewiesen:
Lange Spaghetti passen meist nicht ganz in den Topf und müssen mit dem Kochlöffel nach unten gedrückt werden. Man sollte keinen Deckel auf den Topf legen, damit das Wasser nicht überkocht.

Natürlich muss ich darauf achten, dass die Herdplatte ausgeschaltet ist.

Einleitung und Schluss des Textes sind sehr persönlich formuliert. Das gefällt nicht allen Lehrern. Erkundige dich am besten vorher, ob du im Aufsatz solche Bemerkungen einbringen darfst.

Das zweite Beispiel ist nicht so gut gelungen. Findest du die Fehler?

Beispiel 2

Wie ich Spaghetti koche und mir eine Soße dazu überlege

Zutaten:	100 Gramm Spaghetti	Geräte:	großer Topf
	eine Packung Fertigsoße		kleiner Topf
	Wasser		Kochlöffel
	Salz		

Ich will Spaghetti mit einer Soße kochen. Zuerst geht man in den Supermarkt und kauft 100 Gramm Spaghetti und eine Packung Fertigsoße. Wenn man wieder zu Hause ist, sucht man einen geeigneten großen Topf. Danach wird in den Topf Wasser hineingegeben. Dann stellt man den Topf auf eine Platte des Herdes. Jetzt wird der Schalter des Herdes auf die höchste Stufe gedreht. Nachdem das getan ist, wartet man, bis das Wasser kocht. Dann schüttet man ungefähr 50 Gramm Spaghetti dazu. Nun wartet man, bis die harten Spaghetti weich sind. Jetzt wird Salz dazugegeben und danach wird mit einem Kochlöffel umgerührt. Dann holt man sich einen tiefen Teller und stellt ihn auf den Tisch. Dann schüttet man das Wasser aus dem Topf und serviert die Spaghetti auf dem Teller. Jetzt wird das Besteck neben den Teller gelegt. Dann wird der kleinere Topf auch mit Wasser gefüllt. Danach reißt man die Fertigsoße auf und gibt sie zu dem Wasser hinzu. Jetzt wartet man, bis das, was im Topf ist, kleine Bläschen wirft. Dann hebt man den kleinen Topf vom Herd herunter und stellt ihn auf ein Holzbrett. Jetzt setzt man sich zu Tisch und lässt es sich schmecken. Guten Appetit!

7 Der Verfasser von Beispiel 2 hat sich fälschlicherweise Kochrezepte zum Vorbild genommen. Zunächst listet er Zutaten und Hilfsmittel auf, ohne sie in den Text einzubauen. Hinzu kommen weitere Fehler. Welche sind dir aufgefallen?

Lösungsvorschlag:
Die deutlichsten Fehler sind:

- Aus 100 Gramm Spaghetti (= Angabe bei den Zutaten) werden 50 Gramm im Text.
- Es fehlt die Angabe, wie viel Wasser und Salz benötigt werden.
- Unklar bleibt, um welche Art Fertigsoße es sich handelt.
- Viele Arbeitsschritte sind nicht sinnvoll aufeinander abgestimmt. Wahrscheinlich ist dir beim Lesen aufgefallen, dass die Nudeln kalt sein werden, bis die Soße fertig ist. Da der Verfasser kein Sieb verwendet, werden die Spaghetti beim Abschütten des Wassers vermutlich im Spülbecken landen.
- Wenig Sinn macht der Hinweis, dass man Spaghetti und Fertigsoße zuerst im Supermarkt kaufen und vor dem Kochen nach Hause gekommen sein muss.
- Zu den sprachlichen Schwächen des Textes gehören die häufige Wiederholung des Wortes *dann*, teilweise ein umständlicher Satzbau (*Jetzt wartet man, bis das, was im Topf ist …*) und schlechte Formulierungen wie *der Bläschen werfende Topfinhalt* oder: *Danach reißt man die Fertigsoße auf …* – wobei wohl die Verpackung gemeint ist. Oder hast du schon einmal eine Soße aufgerissen?

F

Textzusammenfassung

Was muss ich über die Zusammenfassung eines Sachtextes wissen?

- Sachtexte haben keine Handlung. Sie informieren über ein interessantes Thema.
- Es geht darum, die wesentlichen Gedanken zu erkennen und selbst zu formulieren.
- In Sachtexten werden Beispiele und Einzelheiten genannt. Diese müssen zum Teil weggelassen werden.
- Man entscheidet also zunächst, welche Einzelheiten für die Zusammenfassung ausgewählt werden sollen.
- Abschnittweise werden die Kernaussagen herausgearbeitet.

Folgende Aufgaben sind bei der Zusammenfassung zu bewältigen:

- Du schreibst zu den einzelnen Abschnitten des Sachtextes jeweils eine Art Überschrift.
- Du überlegst dir also die Kernaussagen und die einzelnen gedanklichen Schritte. Daraus wird dein Schreibplan.
- Dafür musst du den Text kürzen, indem du Unwichtiges weglässt und die Darstellung raffst.
- Bei Sachtexten ist es wichtig und interessant zu wissen, wer den Artikel geschrieben hat, wo und wann er veröffentlicht wurde. Damit beginnt der Aufsatz.
- Deine Zusammenfassung ist sachlich zu halten, und es dürfen keine Formulierungen aus dem Text abgeschrieben werden.
- Die verwendete Zeitstufe ist das Präsens; Informationen über Vorgänge, die noch weiter zurückliegen, stehen im Perfekt.

Vorsicht, Falle!

Die sechs häufigsten Fehler, die bei der Sachtextzusammenfassung gemacht werden, sind:

- Die Kernaussagen werden nicht sorgfältig herausgearbeitet; dadurch werden die Informationen, die im Text stehen, nicht vermittelt.
- Wichtiges wird nicht von Unwichtigem getrennt. Jede Information erscheint gleich wichtig.
- Die Sätze werden nicht sinnvoll miteinander verknüpft. Einzelinformationen werden aneinandergereiht.
- Einzelne Formulierungen aus dem Artikel werden einfach abgeschrieben.
- Das Tempus Präsens wird nicht durchgehalten; man fängt im Präsens an und rutscht dann ins Präteritum.
- Die Ausführung ist genauso lang wie der Schreibplan.

Zusammenfasssung eines Sachtextes

1 Schreibe eine Textzusammenfassung zu dem unten stehenden Artikel, der 2005 in der Zeitschrift „National Geographic World" erschienen ist. Achte darauf, die Zusammenhänge genau darzustellen.

Die Pizza, ein Stück Geschichte

Welche ist deine Lieblingspizza? Magst du am liebsten eine Margherita oder isst du sie lieber mit Salami, vielleicht auch mit Spinat belegt? Über Geschmack lässt sich streiten. Welcher Belag auch immer vorgezogen wird: Die Pizza gehört zu den Lieblingsgerichten vieler Menschen. Doch wer hat diese Speise eigentlich erfunden?

Um darauf eine Antwort geben zu können, müssen wir uns auf eine Reise in die Vergangenheit begeben, die in der Steinzeit beginnt: Die Menschen wussten damals bereits, wie man Getreide mahlt. Sie vermengten Mehl mit Wasser und backten den Teig auf einem heißen Stein im Lagerfeuer. Was sie nach einiger Zeit in Händen hielten, war ein flaches Brot, der erste „Pizzafladen" der Welt.

Die Etrusker – ein antikes Volk, das vor mehr als 2500 Jahren im heutigen Italien lebte – setzten noch einen drauf: Sie belegten den gebackenen Fladen mit allem, was gerade vorhanden war. Die alten Griechen machten dies mit rohem Teig. Das kam unserer Pizza schon näher! Die damaligen Zutaten hatten aber mit dem heutigen Belag nicht viel gemeinsam.

Die Tomatensoße, die wir heute auf fast jeder Pizza finden, gab es damals in Europa noch nicht. Die Menschen belegten ihren Teig mit Kräutern, Olivenöl, und manchmal strichen sie sogar Honig darauf! Viele Kräuter kamen aus Asien, wohin sich der Seefahrer Christoph Kolumbus im 15. Jahrhundert aufgemacht hatte. Doch er war damals nicht am eigentlichen Ziel, sondern in Amerika gelandet, wo viele Pflanzen wuchsen, die in Europa noch niemand kannte – zum Beispiel die Tomate.

Die rote Frucht wurde zwar bald darauf nach Italien eingeführt, aber die Menschen hüteten sich, sie zu essen. Sie hielten sie für giftig. Ganz unrecht hatten sie damit nicht, die Wurzeln und Blätter der Tomatenpflanze sind es tatsächlich. Es dauerte 200 Jahre, bis einige Mutige auf den Geschmack kamen. Die erste Pizza mit Tomatenbelag wurde um 1750 im süditalienischen

Neapel gebacken, das als Hauptstadt der Pizza gilt. Dort eröffnete 1830 die erste Pizzeria, die heute noch unter dem Namen „Pizzeria Port' Alba" existiert.

Der erste Pizzaservice entstand ebenfalls in Neapel: Einmal, im Jahr 1889, wollten der italienische König Umberto und seine Gemahlin Margherita Pizza essen. Für einen Herrscher wäre es aber nicht standesgemäß gewesen, eine Pizzeria zu betreten. Deshalb wurden die bestellten Speisen in die königlichen Gemächer geliefert. Für die Königin gab es an diesem Tag einen ganz besonderen Belag: rote Tomaten, weißen Mozzarella und obendrauf grüne Basilikumblätter. Somit trug die Pizza die Farben der italienischen Nationalflagge, nämlich Grün, Weiß und Rot. Die Königin aß ein Stück und jubelte begeistert. Seither trägt diese Pizza ihren Namen: „Margherita".

Doch ist Pizza gesund? Der Teig und die Käseschicht sollten dünn sein. Dann ist die Pizza weniger gehaltvoll und nicht so fett. Es reicht völlig aus, etwas Käse über den Pizzabelag zu streuen. Werden auf die Tomatensoße noch Mais, Brokkoli und anderes Gemüse gelegt, dann sieht die Pizza nicht nur schön bunt aus, sondern sie schmeckt lecker und hat dazu noch viele gesunde Vitamine.

Beispiel 1

Schreibplan:

Erster Abschnitt: Pizza ist das Lieblingsessen vieler Menschen.

Zweiter Abschnitt: Schon die Steinzeitmenschen bereiten Fladenbrot auf erhitzten Steinen.

Dritter Abschnitt: Die Etrusker und später die Griechen belegen die Fladen mit Zutaten.

Vierter Abschnitt: Lange Zeit gibt es keine Tomatensoße auf der Pizza. Aber dann bringt Columbus die Tomaten aus Amerika mit.

Fünfter Abschnitt: Um 1750 wird in Neapel die erste Pizza mit Tomatenbelag gebacken; 1830 eröffnet dort die erste Pizzeria.

Sechster Abschnitt: Dort entsteht der erste Pizzaservice: Pizza wird an das Herrscherpaar geliefert und zu Ehren der Königin „Margherita" genannt.

Siebter Abschnitt: Pizza ist gesund, wenn man Gemüse darauf verteilt.

In dem Sachtext „Die Pizza, ein Stück Geschichte", entnommen aus National Geographic World 2005, geht es um die Geschichte und Verbreitung der Pizza.

Die Pizza, Lieblingsspeise vieler Menschen, stammt von den Steinzeitmenschen, die Fladen auf erhitzten Steinen gebacken haben. Erst die Etrusker belegen die Pizza mit verschiedenen Zutaten; die Griechen verwenden dazu rohen Teig. Zu dieser Zeit wird noch keine Tomatensoße als Belag verwendet, da die Tomatenpflanze von Columbus erst im 15. Jahrhundert nach Europa gebracht wird. Rund 200 Jahre später, im Jahre 1750, wird in Neapel die erste Pizza mit Tomaten gebacken. Dort entsteht 1830 auch die erste Pizzeria und 1889 der erste Lieferservice. Die Pizza wird zu dem italienischen Königspaar gebracht und nach der Königin Margherita benannt. Der Belag ist dabei in den Farben der italienischen Flagge rot, weiß, grün gestaltet.

Pizza kann sogar gesund sein, wenn Teig und Käse nicht zu dick sind und Gemüse als Belag verwendet wird.

Die Zusammenfassung gibt das Wesentliche wieder, ohne aus dem Artikel abzuschreiben und ohne unwichtige Details. Der Inhalt wird sachlich und knapp dargelegt. Die Zusammenhänge werden mit Jahreszahlen genau dargestellt. Der Sachstil wird immer eingehalten.

Beispiel 2

In dem Sachtext „Die Pizza, ein Stück Geschichte" geht es um die Pizza.

Die Steinzeitmenschen beginnen, mit Mehl und Wasser die ersten Pizzafladen zu backen. Die Etrusker belegen diese mit allem Vorhandenen, die Griechen machen das mit rohem Teig.

Als Christoph Columbus Amerika und damit die Tomate entdeckt, wird diese für giftig gehalten und erst 1750 auf die Pizza gelegt. 1830 eröffnet in Neapel die erste Pizzeria. 1889 wird eine besondere Pizza nach dem Namen der Frau des italienischen Königs Margherita genannt.

Die Pizza aber ist nur mit Gemüse wirklich gesund.

Auch in dieser Zusammenfassung steht nichts Falsches, und sie ist im Sachstil geschrieben. Aber die Informationen werden nur aufgezählt; man versteht die Zusammenfassung nur, wenn man den Artikel kennt. Am letzten Satz sieht man am besten, was passiert, wenn ein Text zu sehr gekürzt wird und der Zusammenhang fehlt.

Beispiel 3

In dem Sachtext „Die Pizza, ein Stück Geschichte" aus dem National Geographic World 2005 geht es um die Pizza, wie sie entstanden ist und wie sie ihren Namen bekommen hat.

Die Pizza ist von vielen das Leibgericht. Und sogar in der Steinzeit wissen die Menschen schon, wie man Getreide mahlt und Mehl bäckt. Und so entsteht der erste Pizzafladen. Die Etrusker belegen damals den Fladen mit allem, was gerade vorhanden ist. Und die Griechen machen ihnen das mit rohem Teig nach. Tomatensoße gibt es noch nicht, die meisten belegen die Fladen mit Kräutern, Olivenöl und Honig. Doch dann findet Christopher Columbus Amerika. Und so kommt die Tomate nach Italien, aber viele glauben, dass sie giftig ist. In Neapel wird dann die erste Pizza mit Tomatenbelag gebacken und die erste Pizzeria gegründet. Damals wollen dann der König und seine Gemahlin Margherita eine Pizza essen. Für die beiden gibt es einen Belag in der Farbe der italienischen Flagge, nämlich Tomaten, Mozzarella und grünes Basilikum. So bekommt diese Pizza den Namen Margherita.

Wenn eine Pizza nicht so fett ist und man Gemüse draufmacht, dann ist sie auch noch gesund, lecker und sieht gut aus.

Der Verfasser hat den Text wohl richtig verstanden. Aber er schreibt viel zu umständlich: *wie man Getreide mahlt und Mehl bäckt. Und so entsteht der erste Pizzafladen.* Besser ist: wie man Getreide mahlt und Fladen bäckt.

Dazu gehören auch Formulierungen, die in eine Erzählung passen: *Doch dann findet Christopher Columbus Amerika. Und so kommt die Tomate nach Italien … Damals wollen dann der König und seine Gemahlin Margherita eine Pizza essen …*

Unschön sind ebenfalls die Satzanfänge mit *und*.

2 **Schreibe eine Textzusammenfassung zu dem abgedruckten Text nach den im Unterricht erarbeiteten Regeln. Lege deiner Arbeit einen Schreibplan bei. Arbeite sauber – die äußere Form geht in die Bewertung mit ein!**

Stefan Greschik: Schwärme – Gemeinsam stark

Haben die das einstudiert? Oder sind sie alle miteinander verbunden, vielleicht mit einer Art unsichtbarem Faden? Wer das erste Mal einen Makrelenschwarm sieht, kann einfach nicht begreifen, wie das klappt: Millionen Fische schwimmen als Gruppe zusammen durch das Meer, jeder nur Zentimeter von seinem Nachbarn entfernt. Mal flitzen sie geradeaus über Hunderte von Kilometern hinweg wie ein riesiger, silbrig glänzender Pfeil. Dann wieder rollen sie in turmhohen Walzen im Kreis herum. Und nie stoßen auch nur zwei Fische zusammen! Das würden Menschen sicher nie schaffen, denkt man. Oder doch? Man kann es ja mal probieren.

Schwarm – Experiment mit Menschen

In einer großen Halle in Köln stehen 200 Menschen beisammen. Alle tragen farbige Baseballkappen – blaue, gelbe, orangefarbene. Sonst ist nichts Besonderes an ihnen. „Bewegt euch jetzt!", ruft ihnen Jens Krause zu. Krause ist Biologe und hat ein spannendes Experiment geplant: Er will untersuchen, ob sich auch Menschen als Schwarm verhalten können, wenn man ihnen ein, zwei einfache Regeln vorgibt. „Bleibt bei den anderen!", hat Krause den Frauen und Männern zum Beispiel gesagt und: „Bleibt in Bewegung!" Ob es funktioniert? Auf das Kommando beginnen die Teilnehmer, durch die Halle zu laufen. Erst kreuz und quer – das sieht ziemlich durcheinander aus. Doch dann geschieht das Wunder: Immer mehr Menschen passen ihre Bewegungen einander an. Und plötzlich laufen alle im Kreis, fast wie die Fische schwimmen! Mehr noch: Als Krause den Leuten mit den gelben Kappen sagt, dass sie auf ein Ziel zulaufen sollen, folgen ihnen alle anderen nach kurzer Zeit.

Kraft sparen im Schwarm

Einen Schwarm zu bilden, ist also gar nicht so schwierig.

Die Frage bleibt, wozu das gut sein soll. Ganz einfach: Teil eines Schwarms zu sein hat oft große Vorteile. Wenn etwa Graugänse in pfeilförmigen Schwärmen in den Süden fliegen, verringert sich ihr Luftwiderstand. Jedes Tier fliegt im Windschatten des Vogels vor ihm – das spart Kraft. In großen Fischschwärmen gibt es oft ein paar Tiere, die den Weg zum Futter kennen und ihre Artgenossen dorthin lotsen können. Und eine Herde Karibus ▶▶

lebt sicherer, wenn sie im Pulk grast. Zum einen können die am Rand stehenden Tiere den Rest der Gruppe warnen, sobald sich Feinde anpirschen. Zum anderen verlieren Angreifer wie Wölfe völlig den Überblick, wenn ihre Opfer auf der Flucht durcheinander laufen.

Klug sein ohne Anführer

Das faszinierendste an Schwärmen aber ist, dass die Tiere gemeinsam oft viel klüger sind als allein. Ein Beispiel dafür sind Ameisen: Das Gehirn der Insekten wiegt nicht einmal ein Millionstel so viel wie unseres. Eine einzelne Ameise ist wirklich ziemlich dumm. Doch setzt man sie mit einer halben Million Artgenossen in ein Nest, weiß sie plötzlich haargenau, was sie tun muss! Zusammen mit den anderen Ameisen bildet sie einen komplizierten Staat – mit Soldaten, mit Spähern und Arbeiterinnen und mit einer Königin, die für den Nachwuchs zuständig ist. In dem Gebilde fehlt eigentlich nur eines: ein Anführer. Denn anders als bei Herden oder Rudeln mit einem Leittier, wie das etwa bei Wildpferden oder Wölfen der Fall ist, sagt in Schwärmen niemand, wo es langgeht. Ameisensoldaten wissen auch ohne General, wen sie angreifen müssen und wann. Die Arbeiterinnen finden ganz von selbst zum Futter. Und zwar auf kürzestem oder schnellstem Weg.

Schwarmverhalten in der Forschung

Inzwischen haben sich auch Firmen das Schwarmverhalten abgeguckt.

In Zukunft wollen Forscher sogar Robotern beibringen, sich wie Schwärme zu benehmen. Eine Gruppe kleiner, wuselnder Maschinen könnte zum Beispiel in eingestürzten Häusern nach Überlebenden suchen oder Sprengstoff in verminten Gebieten.

Bis dahin wird es aber noch ein paar Jahre dauern. Denn die Roboter müssen vorher noch eine Menge lernen. Davon wissen auch Forscher der Universität Brüssel ein Lied zu singen. Die Wissenschaftler aus Belgiens Hauptstadt haben kleine, runde Fahrzeuge konstruiert, die auf Ketten durch die Gegend zuckeln und sich mit Blinklichtern verständigen. Die Roboter sollen im Labor einen Hügel aus Wellpappe überwinden. Eine knifflige Aufgabe. Immer wieder rollen die Zwerge an – und bleiben stehen. Bis einer die richtige Idee hat: Er beginnt, rot zu blinken. Das heißt in der Sprache dieser Roboter so viel wie: „Helft mir und schiebt mich an!“ Sofort fahren andere auf ihn zu und bilden eine Schlange. Stück für Stück schieben sie ihn den Hügel hinauf, bis er das Hindernis bezwungen hat. Zugegeben: So elegant wie die im Gleichtakt durchs Wasser wirbelnden Makrelen sieht der Roboterschwarm dabei noch lange nicht aus. Aber es ist ein Anfang.

Beispiel 1

Schreibplan:

1. Sinnabschnitt
   Forscher untersuchen in einem Experiment, ob Menschen wie ein Schwarm Makrelen funktionieren können.
2. Sinnabschnitt
   Ein Experiment mit 200 Menschen beweist, dass auch diese einen Schwarm bilden können.
3. Sinnabschnitt
   Teil eines Schwarms zu sein hat viele Vorteile, beispielsweise Schutz, Futtersuche.
4. Sinnabschnitt
   Tiere in der Gruppe sind klüger als Einzelne und können mehr erreichen; auch ohne Anführer weiß jeder, was zu tun ist.
5. Sinnabschnitt
   Auch Firmen haben sich dieses Verhalten abgeschaut und wollen Roboter konstruieren, die in Schwärmen arbeiten können. Ein Experiment zeigt schon Erfolge.

In dem Sachtext „Schwärme – Gemeinsam stark" erläutert der Autor Stefan Greschik, welche Vorteile das Schwarmverhalten hat und wie es uns Menschen von Nutzen sein kann.

In einem Makrelenschwarm können Millionen Fische zusammen schwimmen, ohne sich dabei gegenseitig anzustoßen. Ein solches Verhalten erscheint beim Menschen unmöglich.

Ein Experiment des Biologen Jens Krause beweist jedoch das Gegenteil. Er lässt 200 Menschen in einer Halle umherlaufen mit den Anweisungen, immer zusammen und in Bewegung zu bleiben. Nach kurzer Zeit laufen tatsächlich alle mit den anderen mit und passen sich an. Sie laufen also wie in einem Schwarm.

Schwarmverhalten hat große Vorteile. Bei Graugänsen zum Beispiel wird der Luftwiderstand verringert, indem sie wie ein Pfeil in der Gruppe fliegen, um Kraft zu sparen.

Fische können ihren Artgenossen den Weg zum Futter zeigen; Karibus warnen die Gruppe, wenn sich ein Feind nähert, und leben dadurch sicherer. Denn die Angreifer verlieren die Orientierung, wenn alle Karibus in verschiedene Richtungen laufen.

Im Schwarm sind Tiere oft klüger als allein; Ameisen, die einzeln keine klugen Tiere sind, können gemeinsam im Nest einen komplizierten Staat bilden. Jede hat eine eigene Aufgabe und weiß, was sie zu tun hat. Dabei brauchen sie jedoch keinen Anführer wie zum Beispiel Wölfe oder Wildpferde.

Forscher könnten für Firmen Roboter mit Schwarmverhalten konstruieren, damit diese für die Menschen gefährliche Aufgaben übernehmen.

In einem Experiment sollen die Roboter einen Hügel überqueren. Durch ein Signal zeigt ein Roboter an, wenn er stecken bleibt und Hilfe von den anderen braucht. Gemeinsam überwinden sie nach einiger Zeit das Hindernis.

Dieses Experiment ist zwar noch kein großer Erfolg, aber es ist ein Schritt in die richtige Richtung.

Diese Arbeit zieht die wesentlichen Informationen aus dem Text und kürzt die unwichtigen Einzelheiten heraus. Die Verfasserin formuliert, soweit möglich bei einem Sachtext, eigenständig und sehr sachlich. Sie stellt die Zusammenhänge des Textes nicht dar, indem sie Beispiele aneinanderreiht, sondern findet die Aussagen, die hinter den Beispielen stehen.

Beispiel 2

In seinem Sachtext „Schwärme – Gemeinsam stark" erklärt der Autor Stefan Greschik, wie das Leben in einem Schwarm funktioniert, und zeigt dies an verschiedenen Beispielen.

Wie Makrelen in einem Schwarm schwimmen? Forscher wollen herausfinden, ob auch Menschen als Schwarm funktionieren. Mit folgendem Experiment gehen sie dieser Frage auf den Grund: In einer großen Halle werden viele Menschen zusammengerufen; jeder trägt eine farbige Kappe. Auf ein Kommando, das der Biologe Jens Krause gibt, laufen die Personen umher, wobei nach kurzer Zeit alle Leute wie eine Gruppe nebeneinander laufen. Als den Leuten mit gelben Kappen befohlen wird, an eine bestimmte Stelle zu gehen, joggen alle anderen hinter ihnen her.

Das Verhalten als Rudeltier gibt vielen Tierarten eine größere Überlebenschance. Ein Beispiel dafür sind die Ameisen. Eine einzelne ist – zugegeben – ziemlich dumm, dafür als Teil des Ameisenstaates umso schlauer. In diesem Staat hat jeder eine feste Aufgabe, bei der er genauestens weiß, was zu tun ist. Anders als bei Wildpferden und Wölfen gibt es hier kein Leittier, da die Soldaten auch ohne einen Anführer wissen, was, wann und wie man etwas erledigt.

Für die Zukunft wollen Firmen mithilfe eines Roboterschwarms Dinge erledigen lassen, die für Menschen zu gefährlich sind. Diese sollen in eingestürzten Häusern nach Überlebenden oder Sprengstoff in verminten Gebieten suchen. Bisher sind nur kleine Modelle konstruiert worden, diese sollen bei einem Versuche einen Hügel aus Wellpappe überwinden. Zunächst gelingt es nicht, doch ein Roboter teilt den anderen durch Blinklichter seine Idee mit: Sie sollen ihn gemeinsam auf den Hügel hinaufschieben, und nach kurzer Zeit gelingt ihnen das auch. Unelegant … aber gemeinsam!

Die Schülerin hat den Text weitgehend verstanden, unterscheidet aber nicht Wichtiges von Unwichtigem. Die Experimente werden in Einzelheiten beschrieben, dafür aber der dritte Abschnitt, wo es um die besseren Überlebenschancen im Schwarm geht, nur in einem Satz zusammengefasst.

Außerdem ist der Text nicht im Sachstil geschrieben. Dies sieht man sehr gut am ersten und letzten Satz des Hauptteils, wo die Schülerin selbst wie der Verfasser des Textes schreibt. Frage– und Ausrufesätze gehören nicht in eine Zusammenfassung.

3 **Erstelle einen ausführlichen Schreibplan und fasse anschließend den unten stehenden Text zusammen.**

Der Turnschuh als Kultobjekt

Früher trug man Turnschuhe, weil sie billig waren und strapazierfähig. Doch seit sich Politiker, Filmstars, Popbands oder sogar der Papst zu solchen Schuhen bekennen, bricht der Turnschuh sämtliche Tabus. Nicht Kleider machen Leute, sondern der Turnschuh. Niemanden kümmert es, wenn man im Sporttreter zur Arbeit erscheint. In Großstädten hecheln Businessfrauen und -männer, oben in Designerkleidung gehüllt, mit dem berühmten Sportschuh durch die City, weil auch sie modisch und im Trend sein wollen. Im Aktenkoffer haben viele Manager selbstverständlich noch ein paar Vorzeigeschuhe dabei. Der gute alte Turnschuh, der sich zum modernen Sportschuh gemausert hat, besitzt längst Kultstatus und dient der Imagepflege. Dementsprechend sind auch die Zeiten billiger Turnschuhe vorbei. Für einen guten und modischen (!) Sportschuh können heute schon mal 150 Euro über den Ladentisch gehen. Und selbst beim Internet-Auktionshaus ebay kommen Marken-Sportschuhe unter den Hammer.

Dabei hat der Turnschuh heutzutage auch das etwas altmodisch wirkende Sprachimage abgelegt. Was früher Turnschuh hieß und für sämtliche Leibesübungen tauglich war, heißt heute Sportschuh und hat sich mit griffigen Bezeichnungen, meist Anglizismen, allgemeinen Trends im Sport und anderswo angepasst. Running-Schuhe, Jogging-Schuhe und Walking-Schuhe teilen sich den Bereich der so genannten Laufschuhe, für jede Sportart (z. B. Fußball, Basketball, Volleyball, Tennis etc.) gibt es ein spezielles, auf diese Sportart zugeschnittenes Angebot. Aber auch den Übergang von der rein sportlichen Betätigung zur Freizeit hat der moderne Sportschuh längst vollzogen. Freizeitschuhe im Sportschuhdesign erfüllen heute die unterschiedlichsten Ansprüche der Kunden an Brauchbarkeit, Zweckmäßigkeit, Tragekomfort und Lifestyle. Ob beim Sport, zu Anzügen, Kostümen oder zu Jeans: der moderne Sportschuh ist längst zum Allerweltsschuh geworden und hat sämtliche Lebensbereiche erobert. In Büros werden heutzutage wohl mehr Supergas, Nike-, Fila-, Reebok-, Adidas- oder Pumaschuhe getragen als im Sport.

Aber mit einem Boom wächst auch der Anspruch der Kunden an die Ware. Während Pheidippes* noch barfuß oder gar in Sandalen nach Athen raste, um 490 v. Chr. von dem großen Sieg über die Perser bei Marathon zu berichten, können heutige Sportschuhfans z. B. zwischen „Air"-, „Light-Gel"- oder „Climacool"-Sportschuhen wählen.

Dabei fing 1839 mit Charles Goodyear** alles so harmlos an. Er entdeckte, wie man Naturkautschuk vulkanisiert und elastischen Gummi daraus herstellte, Voraussetzung für die den Turnschuh kennzeichnende Gummisohle. Heinrich Franck erstellte 1868 mit Hilfe von Segeltuch, einem Stück aufgerautem Gummi, einigen Metallösen den Wegbereiter für den danach fast unerlässlichen Turnschuh. Die italienische Firma Superga stellte im Jahre 1911 aus diesem Grundstein ihr weltberühmtes Modell „2750" her und war marktführend auf dem Tenniscourt. Auch heute noch ist der Klassiker „Superga" der meistverkaufte Sportschuh Europas.

Seit den Dreißigern ging es dem gängigen Turnschuh auch an die Farbe. Bisher in klassischem Weiß gehalten, nahm er nun alle Farben des Regenbogens an und veränderte auch seine Form. Gleichzeitig blühte in den letzten Jahren das Sponsoring-Geschäft auf. Für gigantische Werbeverträge in Millionenhöhe hüpfen Stars aller Kategorien über den Bildschirm, um das neue Supermodell namens „Turnschuh" der Klientel näher zu bringen.

Sacherklärungen:

*Pheidippes: angeblich Name des Läufers, der die Meldung des athenischen Sieges über die Perser in der Schlacht von Marathon (490 v. Chr.) in die ca. 40 km entfernte Stadt Athen brachte, wo er dann tot zusammenbrach (Marathonlauf, seit 1896 olympische Disziplin).

**Charles Nelson Goodyear (1800–1860) war ein US-amerikanischer Chemiker und Erfinder. Goodyear führte die Vulkanisierung des Kautschuks ein und schuf damit die Grundlagen für die heutige Kautschukindustrie. Er ist der Erfinder des Hartgummis.

Beispiel

Schreibplan

I. Die Gründe für das Tragen von Turnschuhen haben sich im Laufe der Zeit verändert.
   1. Früher waren niedriger Preis und Strapazierfähigkeit wichtig.
   2. Heute sind Turnschuhe Modeartikel geworden, die von fast allen Menschen getragen werden.
   3. Turnschuhe sind teure Produkte, die man haben muss.

II. Turnschuhe haben sich im Laufe der Zeit verändert.
   1. Man bezeichnet sie heute als Sportschuhe.
   2. Für jede Sportart gibt es einen eigenen Turnschuh, und sogar im Alltag wird er getragen.

III. Geschichte des Turnschuhs
   1. Charles Goodyear erfindet einen elastischen Gummi.
   2. Heinrich Franck stellt den ersten Segeltuchschuh her.
   3. Die italienische Firma Superga erfindet ihren weltberühmten Turnschuh.
   4. Der Turnschuh verändert sich in Farbe und Form.
   5. Stars werben für Turnschuhe.

In dem Artikel „Der Turnschuh als Kultobjekt" erklärt Anette Tinzmann alles über den Turnschuh im Laufe der Zeit.

Früher trug man Turnschuhe, da sie preiswert und robust waren. Heutzutage tragen alle möglichen Leute Turnschuhe, auch Prominente, Geschäftsleute und Manager. Ebenso kaufen sie ganz normale Leute, obwohl man bis zu 150 € für ein Paar bezahlen muss.

Den Turnschuh gibt es heute in vielen verschiedenen Formen und er wird Sportschuh genannt. Man kann für jede Sportart spezielle Schuhe kaufen, aber auch für die Freizeit, da sie die unterschiedlichsten Ansprüche erfüllen. Selbst in Büros werden alle Arten von Sportschuhen getragen.

Die Geschichte des Sportschuhs fängt 1839 an, als Charles Goodyear entdeckt, wie man Naturkautschuk vulkanisiert und daraus elastischen Gummi herstellt, der für den Turnschuh wichtig ist. 1868 fertigt Heinrich Franck den ersten modernen Turnschuh aus einer Gummisohle und Segeltuch. 1911 wird von der Firma Superga das weltberühmte Modell 2750 hergestellt.

Inzwischen kann man Turnschuhe in allen möglichen Farben und Formen kaufen, und Stars werben für Millionenbeträge für die neuesten Modelle.

Der Aufsatz informiert über alle wichtigen Aussagen des Zeitungsartikels und legt diese korrekt, sachlich und knapp dar. Geschickt wird das Wesentliche zusammengefasst; der Schüler bleibt nicht in Einzelheiten hängen und verwendet stets eigene Worte. Beeindruckend ist, wie der schwierige Text in einfachen Worten verständlich wiedergegeben wird.

Quellenangaben

Seite 25: (Bildergeschichte), aus: Erich Ohser (e. o. plauen), *Vater und Sohn.* In: Gesamtausgabe Erich Ohser, Konstanz (Südverlag), 2000

Seite 29: (Bilderfolge), aus: Hans Jürgen Press, *Der kleine Herr Jakob,* Weinheim und Basel (Beltz und Gelberg), 2009

Seite 31: (Bildergeschichte), aus: Hans Kossatz, *Willi und Familie Kaiser*, München (Tomus), 1988

Seite 108f.: (Skizzen), aus: Ursula Lassert, *50 Bildergeschichten für die Sekundarstufe I*, Horneburg (Persen), 1979

Seite 119f.: Aufregung um ein Krokodil, aus: *Sprachbuch 5*, erarbeitet von Gertraud Gaßner und Elisabeth Öchsner-Horsch, München (Bayerischer Schulbuch Verlag), 2. Aufl. 1996

Seite 148f.: Die Pizza, ein Stück Geschichte, aus: *National Geographic World,* 2005 (adaptiert)

Seite 152f.: Schwärme – Gemeinsam stark, aus: *geolino*, 09/2008 (adaptiert)

Seite 156f.: (Der Turnschuh als Kultobjekt), Warum denn zubinden? Der Kult um die Turnschuhe, aus: *Stuttgarter Zeitung, Sonntag aktuell,* 38/1993 (bearbeitet von Gert Egle und Manuel Hock)